Sports
Advantage
Booklet 8

東京2020——オリンピックの挽歌

Sports Advantage Booklet 8

東京2020
――オリンピックの挽歌

Contents

▶オリンピックの挽歌　岡崎満義……3

▶コロナが暴いたオリンピックの虚構　上柿和生……9

▶スポーツ興行組織の「正体」をさらけ出したＩＯＣの危機　滝口隆司…21

▶五輪と政治　中山知子…31

▶被災者が語る復興五輪のウソ　青木美希…40

▶リスクとスポンサーシップ　海老塚　修‥52

▶五輪報道のうちそと　脇田泰子…63

▶オリンピックとジェンダー　山田ゆかり‥75

▶レガシー作りという名の聖地の破壊　大島裕史…85

▶アスリートファーストという虚言とアスリートの現実　満薗文博…94

▶開催の「なぜ」、最後まで分からず　杉山　茂…103

執筆者プロフィール……118

特集 東京2020――オリンピックの挽歌

オリンピックの挽歌

岡崎満義　ジャーナリスト

人は密になって話し、食べ、物を作ってきたのだが、コロナウイルス禍が蔓延して、今や「ソーシャル・ディスタンス」が社会の基本ルールになってしまった。これは人類の歴史始まって以来のことではなかろうか。キスやハグは無縁で、親しき仲にも礼儀あり、を貫いてきた日本人にとっても、「ソーシャル・ディスタンス」を強いられる社会は初めての経験である。この人とはこれぐらいの近さでつきあおう、あの人とは距離をとってつきあおう、と考えて生きるのがあたり前のことだったのだが、そこに「ソーシャル・ディスタンス」という社会規範が割り込んできた、という感じである。人とのつきあいは私の生活の基本形態で、私の生活はまわりの人たちとのつきあい次第で豊かにもなり、貧しいものにもなる。戦時中「欲しがりません、勝つまでは」という生活を強いられた記憶はあるが、「ソーシャル・ディスタンス」を意識しながらのつきあいはそのことを思い出させる。

こんな状態の中で、オリンピックはどんな意味があるのか、私には分からない。世界中から超一流のアスリートが一堂に会して、最高の技を競い合うのがオリンピックであるとは分かっているが、私にとってオリンピックのいいところは、ふだんほとんどテレビに映らないマイナー・スポーツ、たとえば砲丸投げや槍投げ、馬術といったものが見られる喜びである。1964年の東京五輪で、ソ連のタマラ・プレス選手が、砲丸をまるで頬ずりするように両手で包み込んで何度も手でなでていたシーンは忘れられない。このとき私は文芸春秋に入社して4年目だった。佐佐木茂索社長は「もう東京にオリンピックがくることはないだろうから」と、社員全員に入場チケットを配ってくれた。私は水泳のチケットをもらった。代々木の水泳会場で、私はアメリカのショランダー選手の200m自由形を見た。それまで、水泳は山中毅選手のように両腕を水車のように猛烈に回転させて泳ぐものだと思っていたが、ショランダーは水しぶきを上げることもなく、文字通り滑るように泳いだ。あまりに優雅な泳法に驚いた。

文芸春秋に入社して一番よかったことは、佐佐木茂索社長に会えたことである。入社して3年目、結婚してご挨拶にご自宅にうかがった。佐佐木さんは、「奥さん、できるだけ早く、年収分の貯金をしなさい。男にはいろんなことが起こる。会社の方針と合わなくなった、上司と喧嘩した、社員の雰囲気になじめない……などいろんな状況が出てきて、会社を辞めたくなる。そのとき、年収分の貯えがあれば、自分を安売りしないですむ。ゆっくり新しい道を探すことができる。しっかり貯金をしなさい」と言った。入社3年目の若造に、こんなアドバイスをくれた佐佐木さんに感激した。大学の主任教授・田中美知太郎先生につづいて、こんな社長に出会えた幸運にありがたいと感じた。

それはそれとして、今度の東京オリンピック。オリンピックは「平和の祭典」。コロナは戦争。ゆえにオリンピックはありえない、というのが私の考えである。それでもオリンピックは強行開催された。そして、予測されたように、コロナ感染は広がった。ＩＯＣも国も都もコロナを無視してオリンピックに賭けた。オリンピックの興奮がコロナの不安を打ち消してくれるだろうと、勝手に思い込んだのである。どっこい、コロナはそんな人間の思惑に関係ない。どんどん感染は進んだ。この責任は誰がとるのか。誰にもとれない。そこで、「ウイズ・コロナ」と言い始めた。人間中心主義極まれり、という言葉である。

今回の東京オリンピックは、無観客のテレビ・オリンピック。オリンピックとは何だろうと考えさせられた。スポーツは鍛え上げたアスリートだけのものではない。それを応援する観客がいて初めて成り立つものなのだ。

バッハ会長のＩＯＣは、オリンピックの大スポンサーのアメリカ・テレビ会社からのお金が欲しいだけなのではないか。オリンピックが巨大化すればするほど、ますますお金がからんでくる。オリンピック貴族と呼ばれるような人種もでてくる。

最初、このオリンピックは２０１１年の東日本大震災からの「復興五輪」と言われた。それならばなぜ東日本・福島・宮城で開かないのか。なぜ、東京で開いたのか。たとえば、吉見俊哉氏（東京大学大学院情報学教授）は「理由は三つある」と言う。一つはノスタルジー。64年東京五輪の成功イメージ。年配者を中心に「未来を向いていた60年代」を懐かしく思い出したから。二つ目は東京都の悲願ともいえる臨海副都心の開発。三つ目は五輪というイベントで国民の同意をとりつけ、東京への集中投資を可能にするからだ、という。為政者にとって、オリンピックはまことに利用しやすい巨大イベントであるようだ。

スポーツはアスリート個人が日頃鍛えた力を精一杯発揮しようとするものだ。とすればなぜ優勝者の表彰式で、国旗が掲揚され、国歌が演奏されるのか。スポーツは個人に属するものであり、国家のものではない。表彰式に音楽が必要なら、優勝者の好きな歌、童謡であれ歌謡曲であれクラシック音楽であれ、優勝者が最も好きな音楽を流してもらいたいと思った。

重量挙げで男性から女性へ性別を変更し、トランスジェンダーであることを公表したニュージーランドの選手に注目した。競技の公平性を言う人もあったようだが、「自認の性」を尊重されたのはよかった。五輪憲章に「スポーツをすることは人権の一つである」「すべての個人はいかなる種類の差別も受けることなく、オリンピックの精神に基づき、スポーツをする機会を与えられなければならない」と定められていることを、分かりやすく見せてくれたと思う。ドイツの女子体操選手が、足首まであるユニフォームを着ていたのも、何ものにも縛られず、自由にスポーツをしたいという気持を素直に表しているようでよかった。

それにして今の時代、オリンピックは必要なものだろうか。スポーツをアスリート個人のものから国家のものにしようとしているのがオリンピックではないのか。五輪憲章に最も反しているのが、今のオリンピックではないのか。

田中優子氏（法政大学前総長）もこう述べている。

「五輪に意義があるとすれば、東京の経済的豊かさではなく、地方の自然や文化の豊かさにも目を向ける価値観を打ち出すことでないかと理想を抱いていた。選手たちの事前合宿の受け入れや交流事業に行う『ホストタウン』といったプログラムなどを通じ、海外の選手や観客らに地方に足を運んで知られていない日本を知ってもらい、日本人にとって自分たちの足元を見つめ直す機会にならないかと考え、懇談会でもそう発言した。

だが、コロナ禍で地元住民らとの交流自体が縮小された。選手たちが東京で競技をして帰ることが中心になり、開催の意義は薄れた。まやかしの復興五輪や競技の地方分散の不十分さも含めて地方への視点が弱まった。そのことは、コロナ禍での開催強行で国民の命と健康を軽視したことと共に、今の政治のありようを表している。」

同感だ。オリンピックに国民の目を釘付けにすることで、時代の、社会の問題の本質から目を背けさせてしまう。オリンピックは麻薬のような一面も持っているのだ。

それでも私にとって印象的なオリンピックのシーンはある。60年ローマ五輪の男子マラソンの裸足のアベベ選手、64年東京五輪のマラソンの円谷幸吉選手。競技場で追走するヒートリー選手に抜かれて3位になったシーン。そしてこの間の内村航平選手が鉄棒から落下したシーン。それらのシーンは記憶の中の影絵のようなはかないものではなく、生き物のように活発に跳びはねている。そのような記憶を持ったことが、私を幸福にしてくれる。

円谷選手はのちに哀切な遺書を残して自殺してしまった。アスリートの競い合いだけでなく、アスリートの生き方そのものが、多くの人々に影響を与える。格別に鍛えられたアスリートの生き方が、ともすれば日常の雑事にとりまぎれてしまう私たちに、あらためて体のこと、生き方をふり返らせてくれるのだ。スポーツはある意味でそういうスポーツ以外の余計なものまで付与してしまうのだ。アスリートにとっては、それは迷惑なことかもしれない。多分そうに違いない。それでも見るだけのわれわれ庶民は、そうしてしまうのだ。

円谷選手とともに、64年東京五輪で私たちに大きなインパクトを与えたのは、「鬼の大松」率いる女子バレーボールの「東洋の魔女」である。猛練習で回転レシーブという独特の新技を編み出し、当時最強といわれたソ連チームの猛烈なアタックを見事に止めてみせた。

自主性、多様性を言われ始めた時代に、もうこんなチームは現れない。一将功成って万骨枯る時代は終わったのだ。

１９８０年代4月に創刊したスポーツ総合誌「Number」の第8号にモスクワ五輪を特集した。前年、ソ連がアフガン戦争にかかわったため、アメリカが五輪をボイコット、日本も右へ習えでボイコットした。モスクワ五輪特集号を作るかどうかで悩んだ。ただ内容的にはいい原稿が集まった。アメリカの円盤投げの選手アル・オーターは、ローマ、東京、メキシコと五輪で三連覇していたが、モスクワ五輪は不出場で次のモントリオール五輪には出場すると伝えられた。モスクワ五輪に出場しないのは、その時期、娘二人が思春期だったからである。思春期の娘には父親が家庭にいてやる必要がある。オリンピックに出場するためには、海外遠征が続くのが避けられない。だからモスクワ五輪は出ないという。そんな考え方をする選手は、少なくとも日本にはいなかった。ぜひインタビューをしたいと思い、ホワイティングさんに頼んで、アメリカに渡ってもらった。

内容的には自信があったので、モスクワ五輪特集号を刊行した。結果は惨敗、編集長はクビ、「Number」も8号で廃刊と覚悟した。ところが、1カ月あとの10号「SOS！　長嶋茂雄にラブコールを！」が発売3時間で全国で完売、「Number」は息を吹き返した。スポーツ誌は発売のタイミングが如何に大事かを、このとき骨身に刻んだ。

１９２８年、アムステルダム五輪の三段跳びで、日本人初の金メダルを獲得した織田幹雄さんをインタビューしたことがある。その頃は十分なスポーツの理論書もなく、コーチもいなかった。自分で考え、工夫し、試行錯誤を重ねながら技術を身につけ、能力を高めていくしかなかった。グラウンドだけでなく、毎日の日常生活そのものの中に、何かプラスするものを発見していく。周囲をよく見る観察力、自己を見つめる省察力、この二つが相俟って織田さんの天分をさらに高めていったようだ。それにも増して印象に残ったのは次のような言葉である。

「昭和の初め頃、ヨーロッパに遠征するときは、船旅かシベリア鉄道経由で一カ月位かけて行ったんです。競技会ではむこうのいい選手と競って、いい記録を出すことが最高の喜びなんですが、もう一つ、フランスやイタリアあたりの最新のファッションを仕入れてくるのが、大きな楽しみでした。今の言葉で言えば、ギンギンのファッションで身をかためて、銀ブラすると街行く人がみんな、オッという顔で注目してくれるんですよ。そりゃいい気分です。テレビなんてない時代ですから、われわれスポーツ選手は風俗ファッション情報の先端的なリーダーでもあったわけです」

何というのびやかな発言だろう。アスリートが競技場の中だけで自己表現してみせるだけでなく、街の中でもファッション・リーダーとして自己表現できたのだ。スポーツは競技場の中だけでなく、街の中の日常生活の中でも生き生きと自己表現していたのだ。

織田さんからはこんな話も聞いた。ハイジャンプの選手のコーチをしていたとき。その頃は正面跳びからベリーロールというつぶせの形でバーを越えていた。織田さんが忍者映画を見ていると、皆ドロンと言って後方に反り返るように消えていく。走高跳びも背中からバーを越えるといいのではないか、と現役コーチに話すと、鼻先で笑われて相手にされなかった。ところがメキシコ五輪では背面跳びが出た。「私のアドバイスが生きていたら、〝忍者跳び〟と言われていたはずだ」と残念がった。

織田幹雄さんの時代から１００年近く経っているにもかかわらず、スポーツは逆に競技場という狭い場所に囲い込まれたように見えてくる。今のオリンピックはそのような息苦しさを感じさせる。時代が逆行しているようではないか。

転がる石に苔が生じない―というが、オリンピックという転石は、ころがればころがるほど余計な苔がくっついてくるような気がする。オリンピックは解体する。サッカーのワールド・カップのように、それぞれのスポーツを独立させたらどうだろう。それぞれのスポーツが知恵を出して、自由なスポーツのかたちを見せてもらいたい。オリンピックというタガをはずす。あくまでもオリンピックという形を残したいなら、五輪発祥の地ギリシャのアテネに固定すればいい。

それぞれのスポーツが開催する街を選び、街の特徴をひきだし、街の人々の日常生活と結びつき、スポーツ＋アルファの新しい形を作っていく。歴史、文化、生活の異なる世界のいろいろな街で、スポーツの新しい意味を発見していくのである。スポーツを競技場に閉じ込めるのではなく、人々の日常生活の場に解放する。もう金まみれになったオリンピックは見たくない。小さくてもいい、自由でのびのびした選手たちが溌剌と躍動する姿が見たい。いわゆるオリンピック関係者だけでなく、ふつうの市民も意見の言える委員会を作って、新しいオリンピック像を作り上げていきたい。専門家ではなく、ふつうの生活人の期待するオリンピックを作っていきたいものである。

特集 東京2020——オリンピックの挽歌

コロナが暴いたオリンピックの虚構

上柿和生
㈱スポーツデザイン研究所代表取締役

２０１９年末、中国で発生した新型コロナウイルスは、瞬く間に世界中に広がり爆発的な感染拡大を引き起こした。これによって、世界各地の都市ではあらゆる社会基盤が機能マヒを起こし、短期間で人々の暮らしと命を危機的状況に追い込んだ。

日本では1月15日に神奈川県内で初の感染者が見つかり、その後は一気に感染は広がった。それは、１９１８年に流行したスペイン風邪（A型インフルエンザ）以来のウイルスによるパンデミックで、次々と各地・各所でクラスターが起り、市民生活と社会活動は時間を追うごとに混乱に陥った。

その1か月を過ぎた、2月27日、安倍元首相は前触れもなく、3月2日から春休み終了までの全国一斉の学校・大学、各種教育機関へ臨時休校要請を発出し、国民の緊張感は日ごとに高まっていった。さらに、感染拡大が続くなか、4月7日には、首都圏の1都3県と大阪、兵庫、福岡に緊急事態宣言が発令され、26日にはその宣言は全国に広げられた。

そのため、恒例の卒業式、入学式など、主要な学校行事は全て中止に追い込まれ、これによって、春休み期間中に行われる課外活動も次々と中止・停止となった。特に、春の選抜高校野球の中止は、他のスポーツ大会と文化活動に波及し、季節的に流行するインフルエンザとは、あまりにも様相が違う新型コロナ感染拡大に、教育現場は混乱しその対応に追われた。

一方、観戦者や観客の感染拡大を恐れたプロスポーツ、各リーグスポーツ、選手権大会、音楽、芸能の公演、発表会などなど、人を集める催しは、ことごとく開催中止と無期延期を強いられ、公共施設の利用休止・休業が相次いだ。この鬱々とした閉塞感が漂うなか、市民生活に向けても行動と活動に自粛要請が出され、極端に経済活動が制限され規制された人々は、マスクで顔を隠し笑顔と笑い声を失っていった。

その間2か月、安倍政権は有効な感染防止対策を何一つ講じることもできず、襲い掛かる感染の大波は、全国の感染者数を一気に危険水域まで押し上げた。同時に医療体制の逼迫も予断を許さない状況に至り、人々は命喪失への怯えを抱きながら「国民の命と財産を守るのが政治の使命」と、繰り返し虚言を弄する安倍前政権への不信を募らせていった。

こうした危機的状況が日本列島を覆うなか、「とてもじゃないが、オリンピックどころじゃないよ」「新型コロナ感染を防止するのが先だ！」と、国民の多くが「オリンピックの開催は無理」と口に出し始めた。そうした流れのなか、スポーツ関係者もコロナ感染拡大の影響とオリンピック開催中止の可能性に懸念を示し出し、公然とその話題を憚りなくするようになったのは当然である。

筆者の旧知の競技団体の役員は、電話で「おい！　オリンピックは開けると思うか？　考えを聞かせてくれ」と、問い掛けてきた。続けて「選考会を兼ねる世界選手権も開けないので、困ったよ」と言いながら、電話の向こうで、選手派遣準備どころか予選開催国へ入国できない、他国のコロナ感染状況を教えてくれた。そして「これじゃ行きたくても行けないよな」と、コロナウイルスがオリンピックの主役である、アスリートの出場資格を決めるスタート台を奪っている辛い実情をこぼした。私は、それを聞きながら「ウイルスは、一般市民もアスリートもその関係者も、条件さえ合えば、あらゆる環境下で分け隔てなく縦横無尽に取り憑くように付着し浮遊するのだから、五輪のマークで封じることは出来ませんよ、おまじないじゃあるまいし」と励ましにならない言葉を返した。この頃、2020年3月当時の世界は、新型コロナウイルスの渦中で感染防止に向けて苦しい戦をしていたことが容易に想像できる。

そして、2020年3月12日、米国・ウォール・ストリート・ジャーナル（WSJ）は、東京オリンピック組織委員会理事の発言として「東京オリンピックは中止ではなく、2年延期が妥当…」と、伝えた。

その、外電による組織委員会理事の「延期妥当発言」に驚いたのは、当時の森会長と日本側の関係者、事態は一気に困惑と混迷の渦中に投げ込まれた。

その頃、IOCのトーマス・バッハ会長は「東京五輪は当初の予定通り、7月24日に開幕する」と強気の公式コメントを繰り返し、日本政府も五輪組織委員会もそれに追随して、情報発信を出し続けていた。が、新形コロナ感染の世界拡大の勢いが増すなか、国内外の世論が日増しに「五輪開催中止」へと高まっていったのは周知の通り。

この状況下においては、さすがの傲岸不遜のバッハ会長も「東京五輪開催の中止・延期は世界保健機関（WHO）の勧告に従う」と言わざるを得なくなった。一方、日本の五輪協賛メディアはコロナを報じても五輪中止世論には知らん顔を決め込み、その中止の声は日刊ゲンダイや東京スポーツなどスポーツ紙が掬い、SNSやYouTubeなどのネット情報が新しい世論を形成していった。これを、新型コロナ感染拡大とその対応の無策を伝える民放テレビのワイドショーや討論番組は、恰好の話題として朝昼晩と絶え間なく取り上げ続けた。

そして3月24日、ついに当時の安倍首相はバッハ会長との電話会談で1年延期を提案しバッハ会長もそれを受け入れたのである。

ここから、2020東京 オリンピック大会とコロナウイルスとの激しい鍔迫《つばぜ》り合いが始まったと言えるだろう。これによってオリンピックが125年にわたり謳ってきた目的と理念が、そしてオリンピックムーブメントの偽善と欺瞞が一気に暴かれるとは、ブエノスアイレス（2013年IOC総会）で歓喜に酔った者は、露ほども思わなかったはずである。

理念なき招致の不幸

2009年、日本は2016年の東京オリンピック招致に挑んだ。その時の知事は石原慎太郎である。コペンハーゲンで開かれたIOC総会での投票結果は、4都市立候補中、1回目から3位となり、2回目もそのまま最下位となって、あえなく敗退し招致に成功したのは南米初を掲げたリオデジャネイロであった。

この敗因には、オリンピック招致のための理念が希薄であったことが大きい。

なぜなら、この招致の動機は鈴木俊一知事（1979年〜1995年）が「世界都市博」開催のために臨海副都心開発を進めたものの、その後の選挙で青島幸男知事（1995年〜1994年）に敗れて、計画倒れになった湾岸エリア整備の後始末として目論んだものであり、スポーツへの思い、オリンピックへの思いではなかった。

そのためか「環境に配慮したオリンピック」をテーマにして、東京湾岸に海上の森をつくる構想を立てたのが建築家の安藤忠雄氏（※彼は2020オリンピックの新国立競技場設計デザインの審査員委員長を務め、あのザハ・ハディド女史のものを選び、見積もりの2倍に膨らんだ総工費2520億円が問題になり、責任逃れをしたことで知られている）である。

それはさておき、選ばれなかったもうひとつの要因には、支持率の低さ（47%）があった。その背景には、石原都政が行った、強引な豊洲新市場の建設、新銀行東京の設立による500億円もの赤字や招致費150億円の乱脈経理などがあり、その影響による都民生活のサービス低下や社会整備費の切り捨てなど、都民の不満があったことが指摘されている。そして、長い招致活動の中で東京がアピールしてきたことの多くは「モノと金」であり、オリンピックの理念でもある「世界平和」や「新時代のオリンピックの姿」を提示できなかった。つまりオリンピックが目指すべきビジョンとフィロソフィーを示す創造力の必要性を持ちえなかったからである。

この目的（五輪憲章）と理念を忘れた結果、2020TOKYOオリンピックの招致では、嘘で固めた開催計画を出さざるを得なくなった。これは驚くべき厚顔ぶりである。

復興五輪を騙ったアンダーコントロールの大嘘とアンダーマネーの行方

2013年9月7日、アルゼンチン・ブエノスアイレスで開かれた第125次IOC総会において、2020年夏季オリンピック開催地決定投票が行われた。立候補都市はイスタンブール（トルコ）マドリッド（スペイン）日本である。その当時の招致委員会の主な顔ぶれは、竹田恒和JOC会長、安倍晋三元首相、猪瀬直樹元東京都知事、滝川クリステル招致アンバサダー達である。

この時、滝川クリステル招致アンバサダーが、プレゼンスピーチで行った「お・も・て・な・し」のビジュアルハンドに注目が集まった。そしてこれが有効だったと芸能視点のメディアは手をたたき、テレビは連日の招致成功の場面ではこのシーンを多用した。しかし、このスピーチで東京招致が決まった訳ではない。

国会で「桜を見る会」「加計学園」問題などで118回に及ぶ虚偽答弁を行った、安倍元首相による「フクシマアンダーコントロール」、つまり、「福島原発のメルトダウンによる放射能は安全に管理されている」と言う、偽りのスピーチに日本開催を支持していたIOC委員達が安堵したからである。この東日本大震災被災者の胸を抉るような大嘘が、堂々とIOC総会の場で述べられたことは、逆に復興五輪の名の下で被災地の復興事業の遅れの実態の覆い隠すことになった。

そして、招致から7年（2020年）、新型コロナ感染拡大によって1年延期が決まる頃には、開催スローガンは「復興五輪」から「人類がコロナに打ち勝った証としての五輪」に見事に塗り替えられてしまった。

この嘘を証明した一つが、今年4月13日に日本政府が発表した、福島第一原発から排出されている放射性物質を含む100トン余の処理済汚染水を福島沖に放出する計画である。

それは、日々増え続け、破壊した原子炉の側に積み上げられる処理汚水槽に悲鳴を上げげた、東電と政府が考えつい た安直で乱暴な結論であるが、復興には未だ道筋はついていない実情を曝け出す結果となった。

1年延期で始まった「復興五輪」の幕開けは、2021年7月21日、福島あずま球場での女子ソフトボールである。その取材記事、中日スポーツの「東京五輪・記者コラム」（23日）は、〝復興五輪のスローガン、福島で取材した海外メディアはどう感じたか空虚な響きにしてほしくない〟の見出しで、ソフトボールの取材に訪れたドイツ人記者の言葉を紹介している。『〝復興五輪〟って言っているのにそんな雰囲気がない。全然感じない』『双葉町の住民たちも言っていた。「復興五輪なんてウソだよ」と』、そして、コラム記者は「福島駅周辺にも球場にも、震災から復興を示す展示もなく、試合前に黙とうをささげるようなイベントもなかった」と、書いている。被災地、被災者の心を弄んだ「復興五輪」のスローガンの実像は、五輪スポンサーである5紙の紙面には一行も書かれてはいなかった。

嘘の上塗りはこれだけではない、招致委員会が立候補ファイルに記した「日本の夏の季節は晴れの日が多く、且つ温暖であるためアスリートにとって、最高の状態でパフォーマンスを発揮できる理想的な気候である」と言う、最悪の虚偽レポートである。

さすがにIOCも、この虚偽内容を確かめ、マラソン・競歩のコースを札幌に変更せざるを得なくなった。その理由は2019年ドーハで開かれた世界陸上選手権において、競技中のマラソン、競歩の選手達が次々熱中症に倒れ途中棄権が相次いだからである。しかし、この途中からの会場変更は、IOCによる招致都市が提出した計画書の分析の甘さと、現地調査の杜撰さを露呈することとなった。そして、招致立候補都市調査の実際が、相も変わらず接待・饗応の物見遊山であることも明白になった。IOC委員がオリンピック貴族と呼ばれ、バッハ会長がぼったくり男爵と呼ばれる所以である。

そして、2016年5月、JOC竹田会長が2020招致業務に対すコンサルタント料として、シンガポールにあるペーパーカンパニー・ブラック・タンディングス社（BT社）へ2億5千万円の送金した贈賄疑惑を、英国ガーディアン紙が報じた。このBT社はIOC委員で（前）国際陸連会長であったラミン・ディアック氏（セネガル）の息子が関係する会社で、ディアック氏は世界アンチ・ドーピング機関から、ロシアのドーピング隠しで汚職疑惑の調査を受けている人物である。この流れの詳細は省くが、この金がIOC委員の投票の買収に使われた疑いがあると、日本メディアの各紙各局は、他人事のように外電のニュースを借りて報じている。

いずれにしても、2020TOKYOオリンピック招致成功の裏側には、招致のための作られた開催実施案の虚偽と集票工作のための贈賄疑惑が綯《な》い交《ま》ぜになった事実が残されている。

64年のレガシーを遺した施設を使う、コンパクト五輪の嘘

2020東京オリンピック招致には、1964年のレガシーとして遺された施設の活用をするという、コンパクト五輪が謳われた。東京オリンピックの招致時、知事であった猪瀬直樹氏は「東京五輪は神宮の国立競技場は改築するが、ほとんどの施設は40年前（1964年）の五輪施設をそのまま使うため、世界一カネのかからないコンパクト五

写真提供：フォート・キシモト

輪になる」と、大見得を切った。しかし、64年の競技施設をそのまま使う、コンパクト五輪のはずが、なんと7年後には前述した新国立競技場を含め10施設が新設された。

その施設と整備費をみると、新国立競技場１５６９億円、★東京アクアティクスセンター５６７億、★海の森水上競技場３０３億円、有明アリーナ３７０億円、★カヌー・スラロームセンター78億円、★大井ホッケー競技場48億円、★夢の島公園アーチェリー場９億円、有明テニスの森１４４億円、有明体操競技場89億円、武蔵野の森総合スポーツ施設３５１億と、ずらりと並び、合わせると３５２８億円という莫大な金額が使われている。そして、これら新国立競技場を除く5施設（★）が２０２２年から毎年、合わせて11億円余の赤字を出すことが分かった。

大会経費にしても、２０１３年に東京オリンピック・パラリンピック招致委員会がＩＯＣに提出した立候補ファイルには、８２９９億円と予算提示をしている。しかし、２０１９年９月に組織委員会が明らかにした、開催経費の総額は1兆６６４０億円の2倍に膨れ上がっていた。

「世界一カネのかからないコンパクト五輪」を約束し招致を獲得した２０２０東京オリンピックは、64年の五輪が残したレガシーを活かさず、新しいレガシーとなるはずの施設は、まったくの負の遺産となることが確実になった。莫大な開催経費も予想できないぐらい膨らむとも聞こえてくる。その結果の報告は来春を過ぎるとも言われる現在《いま》、嘘からでた実《まこと》ならぬ不実を、国民が背負い込むことは避けようがなくなった。

盗作が巻き起こした組織委員会への不信

もはや、多くの人々の記憶からは消えたと思われる話題を掘り返してみたい。

2015年9月1日、大会組織委員会は盗用疑惑で、佐野研二郎氏がデザインした公式エンブレムの撤回を決めた。

それは、組織委員会が採用したエンブレムデザインに対して、ベルギーのデザイナーが自作を盗作したと訴えてきたためである。しかし既に使っている大会スポンサーもいて、騒ぎは大きく広がっていった。この指摘に対して佐野氏本人は「事実無根」と盗作疑惑を否定したため、組織委員会とIOCは「問題なし」という見解を示したが、その後、佐野氏がコンペ応募時に出した原案も、20世紀を代表するタイポグラファー・ヤン・チヒョルトの作品展（2013年）のポスターの盗用ではとの指摘も出てきた。さらに、エンブレム展開案での画像の無断使用や、佐野氏の商業デザイン群からも多数の盗作作品が見つかった。こうしたなか、最初の公式エンブレムは騒動のなかで姿を消し、新しく江戸市松模様がモチーフのデザインが選ばれた。

この問題は、佐野氏の作品の選ばれ方である。このエンブレム選考の建前は公募であったが、その内実は組織員会のクリエイテブ・ディレクターと審査員代表によって、8人のデザイナーに参加要請が行われた、指名レースであったことが明らかになっている。また、エンブレムの原案は二度にわたって修正され、その修正の指南役が組織委員会クリエイテブ・ディレクターであったことも判明している。さらに、選考審査に当たった顔ぶれが、日常的に佐野氏と付き合いのある仲間内と言われ、まさにその実態は密室で仕組まれた出来レースそのものであった。

この盗作常習犯とも言われる佐野氏の盗用作品を手直し、密室で公式エンブレムを選ぶ身内馴合いは、この後に続くタレントの容姿を侮辱する開会式の演出案で首を切られた、総合統括クリエイテブ・ディレクターとも共通した、電通独占による思い上がりと緩みを如実に表したものであると言えるだろう。電通支配による私物化されたクリエィテブ部門の実態が浮き彫りになった好例である。

女性蔑視発言で暴かれた男支配のスポーツ界

2021年2月、いよいよ、オリンピック・パラリンピック大会開催まで半年を迎えたが、新型コロナ感染拡大は一向に収まる気配も見せず、世論の「開催中止」の声は日一日高まるばかりで、菅政権のコロナ対策は迷走状態にあった。

そんななか開かれたJOC評議委員会において、組織委員会森前会長から「女性がたくさんいる会義は長くなる」との、女性蔑視発言が飛び出し、メディアは一斉に批判と世論の辞任を求める声を伝えた。この時、世間に知れたことは、JOC評議員会メンバー63人中女性は1人という男支配の事実である。因みに、現在のJOCの女性理事数は、スポーツ庁が作成した「ガバナンスコード」（競技団体の運営指針）の目標値「情勢理事40％以上、外部理事25％以上」によって、理事30人中13人となっているが、この森発言はスポーツ界の男支配の実態を自らが晒すこととなった。

これによって、森会長は発言の謝罪と辞任を余儀なくされ、後任には森会長の子飼いとも言われる、パワハラ前科のあるオリパラ担当大臣の橋本聖子氏が就任した。このことはスポーツ界のジェンダー問題に焦点を当てる一定の効果を果たした気はするが、その取り組みは僅かに緒に付いた程度であると言っていいだろう。

この前会長の辞任交代によって、橋本新会長は組織委員会理事の42％を女性理事にするとして、新たに12人の女性理事を追加した。構成を見ると、元アスリート、元パラリスト、弁護士、東京都障がい者スポーツ協会会長、様々な分野の大学教員、登別アシリの会代表、JOC常務理事（前スポーツ庁競技スポーツ課長）など、顔ぶれは多岐にわたる。

では、女性理事が増えた会議に変化はあったのだろうか。新理事の一人が新聞インタビューの問いかけに「残りの期間も少ないためか会議では、事務局の報告を聞く時間の方が多く、新型コロナ感染による『中止』判断などの議論はなかった。どちらかと言えば、どうすれば「安全安心」の開催ができるかの方が～…」と、答えている。

また、ジェンダーの研究者として選ばれた、「日本スポーツとジェンダー学会会長」の來田享子中京大学教授は、中央公論６月号のインタビューの中で、3月22日に開かれた初めての理事会の様子を問われ、理事や組織委員会職員に対し「オリンピック憲章とジェンダー」の講演をしたと語っている。そして、会議で話された内容ついては「最後の意見交換の時間に、ジェンダー平等のことやコロナ感染対策のことなどが市民に見えにくいから、もっと情報を出した方がよいと言う意見などが出ました」と、女性理事が増えたことでの理事会の変化や動きには言及していない。が、この状況の変化によって、男性優位のスポーツ界が化学変化を起こし「女性がたくさんいることで、時間をかけても論壇風発する」ことを期待したいものだ。

残された巨額赤字と中抜き代理店のハイエナ商法の実態

　東京オリパラ大会が終わって間もなく、各紙が予想されていたオリパラの巨額赤字収支について報じた。以下の数字は、関西大学名誉教授の宮本勝浩氏が算出したその額であるが、組織委員会は、約９００億円　東京都は、約１兆４０７７億円、そして国は約８７３６億円。その総額は約2兆３７１３億円に達するという。

　この宮本氏の赤字予測に先立つこと1か月前（7月31日）、東京スポーツが米紙「ニューヨークポスト」の記事として、スミス大学のアンドリュース・ジンバリスト経済学博士が、「組織委員会は３００億ドル（約３兆３０００億円）の巨額な赤字を出すだろう」と予測していることを紹介した。

　この挙げた2例の数字の内訳にはかなりの説明が必要だが、この東京五輪の総経費は3兆円を超えて、国民（1億２５４７万人）１人あたりの負担は1万４０８円、これに加えて東京都民（１３９７万人）は1人あたり１０万３９２９円の負担を課せられるという数字が発表されている。この低所得時代において、巨額の赤字を押し付けられる納税者にすれば、これは驚愕の負担となることは間違いない。

　前の話に戻るが、64年のレガシーを生かした「コンパクト五輪」「世界一金のかからない五輪」と言った元猪瀬知事の発言は、白々しい嘘八百という以外に見つかる言葉がない。

　しかし、これだけの金を使い、赤字を出した東京都、税金を無駄使いした自民党政権、この補填は全て国民と都民が背負うことになるが、この深刻な赤字の裏で莫大な利益を上げたハイエナ企業もいることも知らねばならないだろう。

その代表格が、大会組織委員会とオフイシャルサポータ契約した竹中平蔵率いる人材派遣の最大手パソナグループである。５月26日の国会審議で、43会場の派遣有償スタッフは、組織委員会とパソナが人材派遣で独占的な契約を結んでいることがわかった。その内容をみると労働者派遣法にある、派遣会社のマージン（手数料）の上限約30％を大幅に上回る、ピンハネ率が62・５％と言うすさまじい搾取が行われていることが判明した。例えば、組織委員会と委託先の広告代理店との契約では、人件費１日３５万に管理費・経費を加えて日当45万円のものが、これに該当するパソナの有償スタッフの募集要項に出ると、時給１６５０円、日給にすると1万２０００円程度となっている。

武蔵野の森総合スポーツプラザに集められた学生アルバイトの例では、１日２７０００円の派遣料で請け負った代理店は、実際は９６００円しかバイト生には支払っていないと言う証言があった。これも違法な約70％のピンハネであり、まさに実態は五輪タコ部屋的搾取構造になっていたのである。

これら業務委託先は電通を筆頭に博報堂、ＡＤＫ、東急エージェンシーなど大手広告代理店が並び、会場運営委託先は国体運営大手のセレスポに、フジクリエイティブコーポレーション（フジテレビの系列子会社）、電通スポーツパートナーズ等々が群れを成し、常識を超えた人件費をむさぼっていた。

これらは、いずれも無償ボランティア８万人を集めるなか、森発言やコロナでの無観客で起きた辞退者の穴を埋めるなかで起きた火事場泥棒的、人件費中抜きビジネスであり、大会経費の赤字の陰にはこうした実態が隠れていたことが事実として現れている。

スポーツは誰のためのものか

一方、こうした巨額な赤字の中でも、捻出しなければならない必要な金があると指摘する声がある。

これは、森喜朗元首相が目論む、五輪終了後に出る余剰金を受け皿にする「一般財団法人日本スポーツレガシー・コミッション」設立構想である。その基金の額は数百億円と目されているが、この巨額赤字が予想されるなか、それだけのものが集まるかどうか訝る声もあるが、退場してもなお、森氏のスポーツ界再編の野望と影響力行使を狙った執念は消えていないと言われている。

森氏の狙うスポーツ界再編とは何か。ジャーナリストの谷口源太郎氏は「財団の設立目的は、日本オリンピック委員会（ＪＯＣ）と日本スポーツ協会の統合だ。現在、ＪＯＣが握っている各競技団体の強化費やスポーツ協会が担っている指導者養成などを握れば、ＪＯＣとスポーツ協会を骨抜きにでき、強大なスポーツ集団を新財団が支配することができる。さらに、その構想の中には、ｔｏｔｏの賭ける対象にプロ野球を加え、新しい財源を作ることが狙いにある。これは、スポーツの最大の利権を握ることになり、これによって日本のスポーツは政治に服従し商業主義に支配されることになる」と、言うのだ。

果たして、新型コロナウイルス感染に翻弄されるなか、数々の虚構が暴かれた「２０２０東京オリンピック」において、思惑とおりにオリンピック・レガシーなるものが遺されるのか。

そして、「安心安全によって人類が新型コロナウイルスに打ち勝った証として、オリンピックを開催する」と言った、二つの政権はコロナ対策の無策で退陣に追い込まれ、「金メダルの獲得をみれば、コロナ禍などはみんな忘れる」と嘯いた宰相は「コロナ対策に専念を」理由に首相の座を降りた。

この妄言を想うと、オリンピックを支配した者が、巨額赤字の責任と負の遺産の言い訳を、コロナ禍に押し付けることは容易い。

国民にとって、負の遺産がコロナ禍の記憶と混ざり合って遺るとき、日本のオリンピック史に２０２０ＴＯＫＹＯはどう刻まれるのだろうか。谷口氏が言う「オリンピックの終わりの始まり」はおぼろげながら見える気はするが、それを錯覚と確信するには、獲得したメダルの数より日本のスポーツが失ったものはあまりにも多い。

オリンピックへの挽歌を聴く日は遠くない。

特集 東京2020――オリンピックの挽歌

スポーツ興行組織の「正体」をさらけ出したIOCの危機

滝口隆司
毎日新聞論説委員

新型コロナウイルスの感染拡大に揺さぶられた東京五輪は、開催が強行されたことによって、巨大イベントを取り巻く「暗部」が露呈した。とりわけ、国際オリンピック委員会（IOC）に権力が集まる構図が明らかになった点は大きい。開催ありきの姿勢が押し通され、国民の安全よりも五輪の興行的価値が優先された印象は否めない。IOCは五輪を今のまま維持できるのか。開催を希望する都市が世界的に減少する中、その将来は危機にさらされている。

開催都市契約で明るみに出た「不平等条約」

「ぼったくり男爵」は、東京五輪を象徴するキーワードの一つといえるだろう。大会の開催可否が問われる中、米有力紙「ワシントンポスト」が、IOCのトーマス・バッハ会長のことをコラムの中でそう称した。

バッハ会長がなぜ「ぼったくり男爵」なのか、一般の人にはすぐに理解できないかもしれない。ワシントンポストのコラムニスト、サリー・ジェンキンス記者は「IOCのぼったくり男爵（英原文はBaron Von Ripper-off）と金メッキの偽装者が、日本を彼らの足台として使う」と評した。金メッキの偽装者とはメダルの価値をおとしめるＩＯＣ幹部のことかもしれない。つまり、日本を利用してＩＯＣの「貴族」たちが商売をしようとしていると痛烈に非難したのだ。

観客の上限を決める会議でも、バッハ会長は他人事のようにふるまった。６月21日、ＩＯＣ、政府、東京都、大会組織委員会、国際パラリンピック委員会（ＩＰＣ）による５者協議の冒頭、こうあいさつした。

「本日、みなさん方の観客上限に関する決定を聞くのを楽しみにしている」。どう考えても、主催者とは思えない言葉だった。ＩＯＣにとって、観客を入れるかどうかはさほど大きな問題ではなかったのだろう。

大会のチケット収入はすべて組織委の収入となる。その額は予算段階で９００億円。一方のＩＯＣには全世界のテレビ局から放映権料収入が入ることになっている。中でも最多額の放映権契約を結ぶ米ＮＢＣユニバーサルからは、２０１４年ソチ冬季五輪から32年夏季五輪まで総額約１２０億３０００万ドル（約１兆３０００億円）が支払われる。

大会が中止されれば、ＮＢＣに対して賠償金が生じる恐れがある。だが、開催されれば、有観客でも無観客でも関係はない。日本で感染が急拡大していても、ＩＯＣにとっては開催するしか選択肢はなかったのだ。その証拠に、ジョン・コーツ副会長も、記者会見で「緊急事態宣言下で

写真提供：フォート・キシモト

も大会は行うのか」と聞かれ、「答えは絶対的にイエスだ」と述べた。その通り、緊急事態宣言の中、大会は無観客で開催された。IOCにとっては、すべてが想定内だったのではないか。

IOCの権力がいかに強大であるかが明らかになったのは、昨年の延期決定時だった。IOCと東京都、日本オリンピック委員会、大会組織委員会が結ぶ「開催都市契約」において、大会を中止する権限がクローズアップされたからだ。

契約書は、東京都オリンピック・パラリンピック準備局のウェブサイトに英文、日本語訳ともに公開されている。各メディアも、大会が中止されるとすれば、どのような手続きで決定がなされるのかを契約書から読み取った。

開催都市契約の第66条「契約の解除」に中止に関するくだりがある。

「IOCは、以下のいずれかに該当する場合、本契約を解除して、開催都市における本大会を中止する権利を有する」と明記され、その条件として、戦争状態や内乱、ボイコット、政府の誓約が尊重されない場合、組織委の契約違反などが挙げられている。

その上で、中止になった場合の賠償についての記述がある。

「理由の如何を問わずIOCによる本大会の中止またはIOCによる本契約の解除が生じた場合、開催都市、NOC（国内オリンピック委員会）およびOCOG（組織委）は、ここにいかなる形態の補償、損害賠償またはその他の賠償またはいかなる種類の救済に対する請求および権利を放棄し、また、ここに、当該中止または解除に関するいかなる第三者からの請求、訴訟、または判断からIOC被賠償者を補償し、無害に保つものとする。OCOGが契約を締結している全ての相手方に本条の内容を通知するのはOCOGの責任である」

中止する権限はIOCにあり、中止になったとしても、IOCは「無害」を保たれ、賠償を請求されないという内容だ。まさに「不平等」と呼ぶしかない契約といえる。

昨年は、契約には規定されていない「延期」を、当時の安倍晋三首相がIOCに提案した。だが、今年は再延期を選ばず、開催か中止かの二者択一を迫られることになった。

IOCはあくまで強気の姿勢だった。古参のIOC委員として知られるカナダのディック・パウンド氏が、週刊文春のインタビューに「仮に菅（義偉）首相が『中止』を求めたとしても、それはあくまで個人的な意見に過ぎない。大会は開催される」と答えたのが象徴的だ。

最終的にはバッハ会長が米製薬大手のファイザー社から、選手や関係者向けに無償で新型コロナワクチンの提供を受けることで話をまとめた。世界各国にまだワクチンが行き渡らない状況で、五輪選手が特別扱いされるのには批判も起きた。

しかし、そうまでしても、ＩＯＣは五輪を開催しなければならなかったのだ。ＩＯＣの強行突破策に政府や東京都も同調し、開催を懸念する国民世論との溝はますます広がっていった。

1984年ロス五輪から始まったIOCの変質

ＩＯＣの強権的体制は、バッハ会長の2代前のファン・アントニオ・サマランチ会長の時代に形成された。五輪の商業主義化を徹底して推し進めた人物だ。

サマランチ氏が会長に就任したのは、１９８０年モスクワ五輪の時のＩＯＣ総会だった。その頃、五輪は相次ぐ危機に直面していた。

72年のミュンヘン五輪ではパレスチナのゲリラが選手村に侵入し、イスラエル選手団を襲撃するテロ事件が大会中に起きた。76年の冬季五輪は開催が決まっていたデンバーが財政面や環境保護から開催を返上し、夏のモントリオール五輪ではオイルショックの影響で地元のモントリオール市が大きな負債を抱え込んだ。そして、モスクワ五輪はソ連のアフガニスタン侵攻をめぐって米国、日本など西側諸国がボイコットする事態に見舞われた。

続く84年は立候補都市がロサンゼルスしかなかった。モスクワ五輪の報復として、東側諸国が不参加となったが、それでもロサンゼルスは税金を一切使わない「商業五輪」を実施し、大会を成功させた。

ロサンゼルス五輪組織委員会の会長を務めたピーター・ユベロス氏は、スポンサーを1業種1社に絞って協賛金をつり上げたり、聖火リレーのランナーから参加料を徴収したりするなど、巧みなビジネス手腕を発揮し、「ユベロス・マジック」と呼ばれた。

これに便乗したのがサマランチ氏率いるＩＯＣだった。世界規模のスポンサー制度「ジ・オリンピック・パートナー（ＴＯＰ）」を始めたのは、88年冬のカルガリー、同年夏のソウル五輪からだ。

プロのアスリートを積極的に迎え入れ、五輪を世界最高の選手たちが競う国際総合大会へと発展させた。バスケットボールのＮＢＡやテニスの国際大会で活躍するスター選手が五輪に参加するようになったのも、サマランチ時代以降になる。

五輪を開催したいという都市も次々と名乗りを上げ、スポンサーにしてほしいという企業がＩＯＣ本部のあるスイス・ローザンヌに「サマランチ詣で」をした。五輪競技でなかったスポーツも、五輪の仲間に入れば競技が発展すると信じて採用を目指した。こうして大会の規模はますます拡大していった。

各国政府も国家プロジェクトとして大会の招致に乗り出した。世界的注目度を考えれば、五輪の開催が国威発揚につながることは間違いなかった。こうして商業主義と国家主義の両輪がかみ合い、五輪の肥大化にはストップがかからなくなった。

興味深いエピソードがある。ロサンゼルス五輪の前年、83年にニューデリーで開かれたＩＯＣ総会で、五輪をビジネスの道へと導く演説をした男がいる。国際的なドイツのスポーツメーカー、アディダスの創業者の長男であり、当時の社長だったホルスト・ダスラー氏だ。

元ＩＯＣ副会長の猪谷千春氏の著書『ＩＯＣ　オリンピックを動かす巨大組織』（新潮社）によると、ダスラー氏はこう演説したという。

「あなた方は、世界中で最も価値のある、そして需要のある資産を持っている。それはオリンピック・マークです。大企業がいまだ手つかずの商標を見逃すはずはありません」

ダスラー氏は、国際サッカー連盟（ＦＩＦＡ）のビジネスにもかかわり、「スポーツスポンサーシップの父」とも呼ばれる。五輪マークに商業的価値があると主張し、スポーツ界における「権利ビジネス」を開拓したといえるだろう。

今では五輪マークや五輪旗、五輪賛歌など「五輪資産」と呼ばれるものは、すべてＩＯＣが独占的な権利を持ち、それが五輪憲章に定められている。この規定に基づき、各種のビジネスが展開される。

このような提案をしたダスラー氏のもとで、スポーツビジネスの経験を積んだのがバッハ氏である。フェンシングの西ドイツ代表として76年モントリオール五輪の団体戦で金メダルを獲得し、引退後は弁護士資格を取得。85年、ダスラー氏に呼ばれ、アディダスの国際マーケティング担当部長に採用された。西ドイツ・オリンピック委員会の役員も務めて91年にはIOC委員となり、国際スポーツ界の中枢に足場を築いていった。

こうした経歴を五輪の歴史に重ねると、バッハ氏の根本的な思想には、スポーツをビジネスとしてとらえる傾向が根強くある。サマランチ氏の後継は、このほど79歳で亡くなったベルギーの整形外科医、ジャック・ロゲ氏だった。ロゲ氏は若者向けの教育を重視した「ユース五輪」を創設し、反ドーピング活動を積極的に進めた。それは五輪の軌道修正を図っているようだった。しかし、その後を任された「バッハ体制」は、再びサマランチ時代に戻ったかのように、興行組織の色合いを濃くしている。

招致レースの相次ぐ撤退とバッハ改革

東京五輪が開幕する直前の7月21日に行われたIOC総会で、32年夏季五輪の開催地が決まった。オーストラリア東部の都市、ブリスベンだ。しかし、総会の場にかつての緊張や興奮はなかった。以前のように、複数の都市から投票で開催地を選ぶのではなく、IOC内に新設された「将来開催地委員会」がブリスベンを優先開催地として提案し、その信任投票を行っただけだったからだ。

今、IOCが最も恐れるのは、五輪を開催する都市がなくなるということだろう。東京五輪に続く24年パリ、28年ロサンゼルスも、両市以外に開催を希望する都市がなかったため、2回分の開催権をIOCが振り分けた。近年は住民投票で立候補を取り下げた例も複数みられる。開催する都市がなくなった場合、IOCの存在意義もなくなり、五輪は消滅の道をたどるに違いない。それはIOCにとって、悪夢のシナリオだろう。

五輪の商業化が最盛期を迎えた時代には、世界各都市による招致レースは過熱し、その裏で不正も行われるようになった。98年長野冬季五輪では、IOC委員に対する過剰な接待疑惑が浮上した。しかし、招致委員会が会計帳簿を廃棄したとして、不正の全容は明らかにならなかった。02年ソルトレークシティー冬季五輪でもIOC委員に対する招致委員会の買収疑惑が表面化し、世界的な大スキャンダルとなった。

今回の東京五輪をめぐっても、IOC委員の買収疑惑で招致委員会の理事長を務めた竹田恒和・日本オリンピック委員会（JOC）会長がフランス検察当局の捜査対象となり、五輪開催を前にJOC会長から退く羽目になった。

こうした例は枚挙にいとまがない。22年冬季五輪に立候補していたオスロは、過剰な接待などを要求するIOC側の姿勢に疑問を呈し、招致レースから撤退した。

撤退後、米メディアなどによって報じられたのは、▽開会式前に国王とIOC委員が面会し、式後には王室か組織委の負担でパーティーを開く▽公道に委員専用の車線を設ける▽空港でIOC会長の歓迎レセプションを行う▽開閉会式には各種アルコールを準備し、競技期間中は会場のラウンジにワインとビールを準備する――などのIOCからの要求だった。

バッハ会長は14年に発表した改革指針「アジェンダ2020」の中で、招致活動のプロセス見直しに着手した。

アジェンダでは招致費用の削減や既存施設の活用、他都市や他国との共同開催などを提言した。それを受けて、将来開催地委員会がIOC内に設置され、ブリスベンを選んだような手続きで開催地を決定することになった。

これまでなら、招致都市がIOCに提出した立候補ファイルがインターネットで公開され、各都市の比較が容易にできた。しかし、IOC内の一部委員が「優先開催地」を選び、あとは信任投票という手続きだけでは透明性や公平性が保たれない。これでは不正が起きても不思議はないだろう。

だが、もはや不正が起きるほどの過激な招致レースも期待できないのだろうか。最終的にパリに決まった24年夏季五輪では、ハンブルク、ローマ、ブダペストといった都市の撤退が相次いだ。その多くが財政難に対する市民からの反発だった。

コロナの感染が広がる中、国民世論の反対を押し切って開催にこぎつけた東京五輪。しかし、1年延期と無観客によって、組織委が多額の負債を抱えることは間違いない。赤字が出た場合、これを補塡するのは東京都であり、それでも不足する時は日本政府が穴埋めする契約になっている。いずれにせよ、国民の税金が投入されることになる。

東京五輪の開幕1カ月前、カナダ公共放送CBCのウェブサイトには辛辣な記事が掲載された。日本在住のジャーナリストで、翻訳家でもあるマイケル・プラストウ氏が執筆したコラムのタイトルは「準備できたのか、できていないのか」。東京での開催を不安視し、五輪精神を広めるオリンピック・ムーブメント（五輪運動）に長期的被害が及ぶと指摘してこう続けた。

「全体における財政と宣伝の大失敗が、既に落ち込みつつある五輪招致への世界中の国々の動機を、さらに減少させることは確実だ」

ＮＢＣの視聴者低迷は何を意味するか

開催を懸念する声をよそに、楽観的な意見を口にしていたのは、ＮＢＣユニバーサルのジェフ・シェル最高経営責任者（ＣＥＯ）だ。シェルＣＥＯは、東京五輪で過去最大規模の７０００時間を放映することを明らかにした上で「最も利益の高い五輪になる可能性がある」「開会式が始まれば、みんなすべてを忘れて楽しむだろう」などと自信を見せた。

多くの人々がステイホームで時間を過ごしている。暗いニュースが続く中、明るい話題が望まれている。そうであるなら、五輪のテレビ視聴率は必ず上がるとの見通しだった。ＮＢＣは五輪の広告枠として、過去最多の１２０社以上と契約を結んだという。体操や男子バスケットボール米国代表の試合など一部の人気競技は、昨年スタートした動画配信サービス「ピーコック」でも配信された。

ところが、大会終盤、気になるニュースが入ってきた。経済情報を配信するブルームバーグによると、米国内での視聴者数が予想よりも大幅に下回り、広告主と補償交渉を始めざるを得ない状況になった、という。全日程のうち、大会折り返しまででＮＢＣの全系列局を合わせた夜の時間帯の視聴者数は、前回リオデジャネイロ五輪よりも42％少なかった。

そして、閉幕後、さらなる衝撃の事実が明らかになった。ＮＢＣのネットワークやデジタルプラットフォームを合わせたプライムタイム平均視聴者数が激減したというのだ。ＮＢＣは88年ソウル五輪以降、夏季大会では連続して放映権を獲得しているが、その中では最少の１５５０万人にとどまり、前々回のロンドン五輪の半分にまで落ち込んだという。ロイター通信によると、ロンドン五輪は３１１０万人、リオ五輪は２６７０万人だった。

米国での視聴者が極端に落ち込んだ理由は何だろうか。日本との時差の関係で視聴者が楽しめる時間帯に競技が放送されなかったからか。米国の選手が思ったほど活躍しなかったからか。視聴者がテレビよりも、スマートフォンやタブレット端末で競技を見るからか。だが、ＮＢＣの発表には、動画配信の数も含まれている。それでは、何が原因なのだろう。

明確な答えは見当たらない。しかし、少なくとも、多くの人々がテレビの前で一つのイベントを同時に視聴する時代ではなくなったのかもしれない。それぞれの興味は分散し、五輪への興味が以前よりもそがれているのは間違いないだろう。

この傾向はＮＢＣの経営のみならず、五輪そのものに影響を与えることになるとみられる。何よりＮＢＣからの放映権料収入がＩＯＣの財政を支えているのだから、五輪の視聴者数減少は、いずれＩＯＣの収入にはね返ってくるに違いない。ＮＢＣとは32年夏季五輪まで長期契約を結んでいるが、ＩＯＣにとって、その後の将来像は描きにくくなったと言わざるを得ない。

だが、これをプラスに転じることもできるのではないか。

東京五輪で表面化したのは、五輪がＮＢＣの意向によって左右されるという事実だ。マラソン・競歩のコースが東京から札幌に移されることが決まった際、なぜ五輪は秋に開催できないのか、という議論が改めて持ち上がった。64年東京五輪は10月だったのに、なぜ今は酷暑の夏に開催しなければならないのか、という声だ。

米国では秋に国内プロスポーツの放送が佳境を迎える。このため、秋に五輪を放送すれば、視聴者を獲得できないという、米放送業界の事情だ。ＮＢＣと巨額の放映権契約が結ばれている以上、ＩＯＣはＮＢＣの意向を重視する。その結果が大会運営をゆがんだものにしている。

しかし、ＮＢＣへの依存度が少なくなれば、ＩＯＣも自由に物事を判断できるのではないか。ＩＯＣのビジネスは、スポンサーの1業種1社の制度のように、少ない企業から多額の資金を得る手法で進められてきた。放映権交渉も同じで、米国であれば、ＮＢＣ、ＡＢＣ、ＣＢＳ、ＦＯＸといったネットワークに入札させ、その額をつり上げていった。日本のジャパン・コンソーシアム（ＮＨＫと民放連合）のように、放送局の共同体で放映権を買う方が異例なのだ。

だが、ＩＯＣの放映権ビジネスは今、曲がり角に来ている。オンラインでのストリーミング中継が主流になれば、ＩＯＣの交渉相手は放送局だけではなくなるだろう。テレビ依存の時代が終わることを想定し、これからの五輪像を描く時期に来ていることを、ＩＯＣはどこまで真剣に検討しているだろうか。

五輪憲章の理念を映し出した選手たち

五輪の本質的な価値とは何か。大会を開催する意義とは何なのか。コロナ下で開催そのものが危ぶまれた東京五輪では、世界中の人々がその疑問を抱いたに違いない。

しかし、大会を通じ、そのヒントが少しは見えてきた気もする。世界中のアスリートが自らの考えをあらゆる形で発信し、その中に五輪の価値が表現されていたからだ。

五輪憲章の第50条では「五輪の用地、競技会場、またはその他の区域では、いかなる種類のデモンストレーションも、あるいは政治的、宗教的、人種的プロパガンダも許可されない」と明記されている。

だが、米国では黒人差別撤廃運動「ブラック・ライブズ・マター（BLM）」に関わるスポーツ選手も多くなり、SNS（ソーシャル・ネットワーキング・サービス）を通じて自分の意見を発信するケースが増えてきた。

IOCはこうした状況を考慮し、五輪憲章の規定を一部緩和して、試合前などであれば、政治的な行動も認めるようになった。その結果、サッカー女子では英国代表の呼び掛けに応じ、対戦相手も試合前のピッチで片膝をつく人種差別への抗議行動を起こした。

ドイツの体操女子チームは、肌の露出の多いレオタードではなく、足首まで覆う「ユニタード」を着て性差別を許さないという姿勢を示した。重量挙げには男性から女性に性転換し、トランスジェンダーであることを公表したニュージーランドの選手が史上初めて出場した。

ベラルーシの陸上女子選手は、予定外の種目に出場するよう強要されたことについてSNSで抗議し、帰国命令という国家の圧力に抵抗して大会中にポーランドに亡命した。独裁政権のベラルーシでは、成績の振るわない選手団に対し、大統領が高圧的な態度を見せていた。

「この五輪憲章の定める権利および自由は人種、肌の色、性別、性的指向、言語、宗教、政治的またはその他の意見、国あるいは社会的な出身、財産、出自やその他の身分などの理由による、いかなる種類の差別も受けることなく、確実に享受されなければならない」

そう記されている憲章の根本原則を、そのまま映し出すような選手たちの姿だった。五輪改革といって競技・種目数を減らしたり、立候補都市の招致手続きを簡素化したりしても、それは小手先に過ぎないといえる。IOCに染みついた「拝金主義」を排し、憲章の理念に立ち返らなければ、五輪の将来像は描けない。世界が混乱する今こそ、アスリートの思いを尊重する大会を取り戻さなければならない。

特集　東京2020――オリンピックの挽歌

五輪と政治

中山知子
「日刊スポーツNEWS」デジタル編集部デスク

新型コロナウイルス感染拡大の影響で、1年遅れとなった東京オリンピック（五輪）・パラリンピックが幕を閉じた。本来なら、日本国民全員から歓迎されて幕を閉じることだっただろう。しかし、新型コロナの感染拡大に加え、政治的な思惑に翻弄（ほんろう）され続けた。1年の延期、コロナ禍で大会を開催するかしないかの是非をめぐっても、政治的思惑がつきまとい、国民を二分するほど「いわくつき」の大会になってしまった。

東京五輪はなぜここまで、問題をはらんだまま幕を閉じる結果になったのか。大きな要素は、前述した通り、政治の関与だ。

五輪は、五輪憲章で政治的中立が求められている。しかし、コロナ禍の混乱もあって、永田町の政治的思惑という、コップの中の混乱に翻弄される結末になった。すべては、首相が招致決定の場にも立ち会った第2次安倍政権から始まった。最初から最後まで、永田町政治に振り回された東京五輪に記された「負のレガシー」は大きい。ここまでの流れを振り返りながら、あらためて考えてみたい。

＊　＊　＊　＊

東京は、今大会の前、リオデジャネイロで行われた2016年五輪招致に敗れた。2009年10月のことだ。

石原慎太郎都知事（当時）が「成熟した国家社会としてのアクセプタンス（受け入れ能力）を提示することは、国家としても大事だ」と述べ、招致活動を始めたが、リーダーシップで知られた石原氏をもってしても招致はならなかった。

その後、2011年3月11日、日本は東日本大震災に見舞われた。死者、行方不明者、負傷者計2万4500人を超える未曾有の大災害。2020年大会の招致は、この震災からの「復興」を世界に発信するという立ち位置から、スタートした。

その活動で先頭に立ち、スーパーマリオのかぶりもので リオの閉会式に登場し、延期が決まる際の思惑も含めて前面に立っていたのが、安倍晋三前首相だった。安倍家、岸家を含めた一族の政治家は、これまで3度の五輪招致に成功している。祖父の岸信介元首相は1964年の東京五輪、大叔父の佐藤栄作元首相は1972年の冬季札幌五輪だ。これまで5度、日本で行われた五輪のうち3回にかかわったことになる。

安倍氏自身、2013年7月、参院選公示日に行われた日刊スポーツなどスポーツ紙とのインタビューで、自身が10歳だった前回の東京五輪を振り返り「戦後から復興して、日本が再び世界に注目される国になったと思った。そう国民に思ってもらうため、岸信介をはじめ招致に携わった関係者は大変だったと思う」と振り返った。五輪が国民にもたらす期待の大きさを、身近で感じた経験を踏まえた上での招致活動だった。その後、政権運営の中でも、五輪

写真提供：フォート・キシモト

がことあるごとにキーポイントとして浮上することになる。

ただ、招致活動終盤には、震災で発生した東京電力福島第1原発事故による汚染水漏れ問題が表面化した。世界中のメディアが注目する中、安倍氏は「状況はコントロールされている。私が安全を保証する」と強調してプレゼンテーションを乗り切ったが、その発言をめぐっては、いつまでも国内外で波紋を広げることになった。

安倍氏の特徴は、国民の期待が高い五輪を、結果的に自身の政策や政権維持に巧妙に反映、結びつけようとしてきた点だ。五輪招致決定当時に取材した際、首相は大会をアベノミクスの「第4の矢」と位置づける意向があるのではないか、という話があった。当初、2015年10月1日に引き上げられる予定だった消費税10％増税に向け、五輪開催を1つの起爆剤にしようとする流れもみえた。消費税10％はその後、延期を争点に14年に衆院解散に踏み切り、その後の政治情勢の中で、最終的に19年秋まで延期されてしまったが。

2015年7月、新国立競技場建設計画の白紙撤回表明も、同様の流れだった。五輪招致決定前に行われたJSCの公募で、新競技場のデザインはイラク出身の建築家ザハ・ハディド氏のデザインに決定したが、独特な流線形の屋根で、当初見積もられた総工費は1300億円に膨らみ、15年6月には2520億円と2倍近くにはねあがっていた。国民の批判が強まり、五輪メダリストでもある有森裕子さんも「五輪が負の要素に思われることは本望ではない」と涙ながらに訴え、政権は窮地に陥った。

安倍氏は、五輪招致のプレゼンで「どんな競技場とも似ていない真新しいスタジアムから、確かな財政措置に至るまで、その確実な実行が確証されたものとなります」とアピールしていたが、7月17日になって、「現在の計画を白紙に戻し、ゼロベースで計画を見直すことを決断した」と電撃的に白紙撤回を表明。官邸主導を強調し「国民の声に耳を傾けたい」と述べたが、一方で一部施工業者とは契約締結後でもあり、実際には、バタバタ感がぬぐえなかった。

この時の白紙撤回には、別のもくろみもあったといわれる。国会では前日の7月16日、首相肝いりの安保関連法案採決が衆院で強行されたばかりだった。自衛隊による集団的自衛権の行使を容認するもので、法学者や野党から憲法9条違反の指摘も受ける中、首相は持論を押し通した。内閣支持率も不支持が支持を逆転するなど、首相の「ごり押し」ぶりには国民の批判も激化。「新競技場と同様、国民の声を聞かずに突き進もうとしている」と野党に批判された逆風下で突然、競技場デザインの白紙撤回。批判の声に追い詰められ、安保法案への批判の矛先をかわした形になったのは明らかで、裏を返せば、政権維持のための白紙撤回でもあった。

五輪の1年延期も、まさに「自己都合」による結果だった。大会準備の最終段階に入っていた２０２０年1月以降、新型コロナウイルスの感染拡大は、日本だけでなく世界中に広がった。当初は「感染拡大を乗り越えて無事に、予定通り開催したい」と強調していた安倍氏だったが、戦略の見直しの必要性に直面。最終的に、3月24日、国際オリンピック委員会（ＩＯＣ）のバッハ会長との電話会談で1年程度の延期を提案し、遅くとも21年夏までの開催で合意した。

この延期時期については、その後、大会組織委員会会長（当時）の森喜朗元首相が「2年」を提案していたことも明らかになっているが、安倍氏は1年にこだわった。当時、自民党総裁として「連続3期9年」と決められた3期目で、退任は20年9月に迫っていた。五輪を「花道」とするには2年では間に合わない。「招致決定の場に立ち会い、大会への思い入れが強い」（当時の関係者への取材）といわれただけに、首相として大会に臨みたい思いの表れではないかと、受け止められた。

ただこの時に延期幅を「1年」に縛った結果、大会開催の時期がコロナ感染再拡大のタイミングとバッティングしてしまい、大会開催是非をめぐる議論にも発展。また、このころから、五輪開催のタイミングが政治日程とセットで語られることも増え、衆院解散・総選挙の日程も「大会後の9月」など、結びつけて語られるようになった。開催都市東京都の小池百合子知事も同様で、大会成功を経て国政に戻るのではないかという臆測が、なかなか消えなかった。五輪は為政者の「はく付け」ではないにもかかわらず。

東京２０２０の1年延期を決めた安倍氏は、学校一斉休校やアベノマスクなどコロナ対応がことごとく批判され、自身も休みなく対応に当たったことで体調を崩し、2度目の体調不良による退陣となった。安倍氏が頻繁に口にしていた東京五輪の意義＝「人類が新型コロナウイルス感染症に打ち勝った証しとして、完全な形で開催する」というフレーズは、コロナ感染終息が見込めない中、やがて使われることはなくなった。安倍氏を継いだ菅義偉首相のもとで、「完全な形」としての五輪はすっかり影を潜める形に。その菅首相はパラリンピック開催中の9月3日、自民党総裁選不出馬という事実上の退陣表明をする事態になった。

＊　＊　＊　＊

安倍政権当時に増して、コロナの感染状況は菅政権下でさらに悪化。特に第5波が始まった今年7月以降、首都圏だけでなく全国で感染者の増加や重症者の増加、医療体制の危機的な逼迫（ひっぱく）が続いた。しかし、今年7月24日開会というスケジュールは替えられず、選択肢が狭められた中で、大会が強行される形となった。菅義偉首相にとっては、五輪開催は安倍政権からの置きみやげ。周囲から中止の進言もあったとされるが、取りやめる選択肢はそもそもなかったといえる。感染状況が悪化しても、壊れたテープレコーダーのように五輪開催を訴えた。

少年時代は野球、大学時代は空手部で、スポーツに親しんだ時代はあったとはいえ、菅首相には、安倍氏のようなある意味、五輪開催への執念のようなこだわりは感じられなかった。あくまでも「安倍政権の一員」としての政策の延長だったのではないかと感じたこともある。当初から「五輪は絶対やるよ」と周囲に語っていたが、中止にでもなれば自身の政治責任に直結する案件だった。菅首相から少しでも、コロナ禍での五輪開催の意義について納得できる話があれば、国民の不安も少しは解消されたと思う。

国際オリンピック委員会（ＩＯＣ）の関係者からは、コロナ感染下でもあっても「中止」の選択肢はないようなプレッシャーの発言もあった。日本が必ずしも得意とはいえない外交力だが、今回も言われるがままのようで、不満を感じた国民も多かったはずだ。コロナ感染拡大が続き、国民に外出自粛を説き、誰もが「有観客」は無理だろうと思う中でも、無観客の判断にもギリギリまで時間がかかった。リーダーシップが示すべき判断基準があやふやだったことで、国民の五輪に対する感情も無駄に複雑なものにしてしまったのではないか。

自らの任期と五輪開催をからめるような安倍氏の判断、そしてそれを引き継いだ菅首相の対応は、大会に大きな混乱を残すことになった。また、すべての流れが「五輪ありき」という印象を、国民に与える格好になった。そもそも、安倍政権当時、最初に全国に緊急事態宣言が出されたのも、大会延期が正式に決まった後だった。何よりコロナ対策が最優先されなければならない中で、五輪開催を前提にしたコロナ対応といわれても仕方のない状態が続いた。

＊　＊　＊　＊　＊

大会開幕直前になってもコロナ感染拡大は止まらず、安倍氏が「1年」とした縛りは、大会開催判断にさらに苦しさを与える結果になった。そこにさらに混乱に拍車をかけたのは、大会に関わる当事者の度重なるスキャンダルだった。

今年2月の森喜朗・東京五輪・パラリンピック組織委員会会長の「女性蔑視」発言。JOCの評議会で「女性のいる会議は長くなる」などの発言があり、その場でおかしいと面と向かってただす人もおらず、笑い声も起きたことが、日本に根付く多様性のなさの象徴のように言われ、大きな問題になった。会長の後任選びでも、森氏に近い川淵三郎氏に森氏が就任を打診し、川淵氏も正式決定前に情報をメディアに漏らしてしまい、組織委員会という組織のガバナンスのなさも露呈した。新たな会長には、森氏に近い橋本聖子五輪相が起用されたが、「女性」「若い人」などの条件が菅首相サイドから出たとされる。国会議員の立場のまま、押し切られる形で就任となったが、ここでも「官邸のご意向」という政治が関与する結果となった。

開閉会式をめぐる混乱も、大きなイメージダウンを残した。当初、演出の責任者を務めていたクリエーティブディレクター佐々木宏氏が、タレントの容姿を侮辱するような演出案を出していたことが、「週刊文春」の報道で明らかに。佐々木氏は辞任し、トップ不在の異常事態に陥った。それにとどまらず、開会式の演出メンバーとして発表されたミュージシャン小山田圭吾氏がかつて、凄惨（せいさん）ないじめを雑誌で告白したことが判明。SNSで一気に拡大し、小山田氏は辞任に追い込まれた。また開閉会式の演出に携わっていた小林賢太郎氏も、ユダヤ人大量虐殺を揶揄するような過去の発言が問題視され、開幕前日に辞任に追い込まれた。まさかの「辞任ドミノ」だった。

開会式の演出はどこか中途半端で、立て続けに起きた辞任トラブルの影響は隠しようがなかった。人選の「身体検査」の甘さが招いた結果ではあったが、第三者に指摘されて言い訳できずに、主催者側が首を切っていく「負の連鎖」は見苦しかった。当事者以外、組織委員会側の責任の所在が今もって不明確なのは、今でも疑問に感じざるを得ない。

混乱といえば、聖火リレーも、感染が広がる首都圏を中心に公道を走れないという異常事態が続いた。コロナ感染拡大防止の中、県をまたぐ移動自粛が求められながら、タレントらが地方のリレーを走ることもあった。聖火リレーは、オリンピックの聖地ギリシャで採火された神聖な火をつなぎ続けていく「儀式」の意味があるが、著名人もまじえた現在の聖火リレーは、もはやイベント化してしまっている。大会を盛り上げ、関心を引くためとはいえ、今回のように公道を走れなかったり、無観客で行われたリレーでは、その「イベント感」だけが浮き上がったような感じが否めなかった。

聖火ランナーに決まりながら公道を走ることがかなわず、都内でトーチキスのイベントに臨む形になったランナーの方に、インタビューをする機会があった。その言葉には、五輪の「原点」というものをあらためて思い起こされた。

今となってはあまり語られなくなった「オリンピアード」。大会から大会までの4年間を単位とした期間のことだが、その間に持つべき心構えを、もう一度、考えた方がいいという意見だった。「オリンピアードは、4年ごとに平和を確認する意味があったはず。それを粛々と続けていくのが五輪であるはずです。でも今は、イベントの五輪の部分だけが表に出ている。お金をもうけて、金メダルをとって…という。本当は、五輪をやっていない4年間が大事なんです。今、本来の五輪はなにかという点が、消え失せている」「『近代オリンピックの父』といわれたクーベルタン男爵の考えも、『平和への活動を、小さなものでもこつこつとやっていくことが大事』というものではなかったか。今はあまりにも、本来の目的を失っていると思います」。「聖火は、ギリシャからオリンピアの火が何ものにも汚されず、つながれてきたもの。本来の五輪の目的として残されたのは、もう聖火くらいしかないのではないでしょうか」。

＊　＊　＊　＊　＊

今回の大会は、「SNS五輪」という側面が、前回のリオデジャネイロ五輪の時より、さらに色濃くなった。おまけに時差もなくリアルタイムで伝えられる。スポーツ紙をはじめ、メディアの五輪報道はこの時差との戦いにいつも苦しめられる。それだけに今回は、スピード勝負に重きが置かれ、日刊スポーツでも試合結果を迅速にウェブ版で速報する体制が取られた。一方で、じっくりと読ませるアスリートのストーリーもウェブ版と新聞の両建てで報じた。SNSの進化で、作業的には毎回、複雑化しているように感じるが、新聞部数の低下が叫ばれる昨今、普段は新聞の報道に接しないかもしれない世代にダイレクトに届くSNSでの発信は、とても重要なパーツだった。そのためのコンテンツづくりなども進めたが、これからもより工夫した内容が必要になってくるかもしれない。

大会開催直前まで責任者の辞任など混乱が続々と続いたのも、SNS時代ゆえの展開だったと思う。小山田圭吾氏の問題について、日刊スポーツで取り上げた過去の雑誌での告白内容は、ウェブで報じるや実に多くの方に読まれることになった。過去の言動も、インターネットで簡単に検索できる時代だということを念頭にした活動が行われるべきだったと思う。

＊　＊　＊　＊

東京五輪が閉幕した後、東京パラリンピックが始まった。トライアスロンで10位となった谷真海は、言わずと知れた東京大会招致の「顔」の1人だ。招致プレゼンテーションでスピーチに立った際「ここに立っていられるのは、スポーツの力に救われたからです」と、涙ながらに訴えた。大学時代、骨肉腫で右脚膝下を失い、苦労を重ねながら日本パラリンピアンの第一人者となった。今回はクラスの変更にも見舞われ、10位は最下位だった。「ここまで来

写真提供：フォート・キシモト

られて幸せ」。そんなコメントが非常に印象的だった。

谷のように注目される選手だけでなく、出場した選手、出場を目指した選手、その選手たちを支えた人々、それぞれにいろいろな物語がある。その物語を丁寧に紡ぎ出すのが、われわれスポーツ紙を含むメディアの役割で、それは今回の大会でも、この先も変わらない。もちろん、今回の大会に見られたような政治による翻弄の内幕も、丁寧にあぶり出していかなければならない。

前述のようにSNSの発展による発信、報道する場合の手段の変化は、これからも変わっていくと思う。SNSでの情報拡散がバージョンアップするほど、その伝え方も変わっていかなければならないのだと、肌で感じた大会だった。

新型コロナウイルス感染拡大で開催をめぐって賛否両論が起き、開催に至るまでもさまざまなトラブルが起きた。開催に賛成、反対と意見も二分された。ただ、どこまでも後味の悪さを引きずる今回の大会であっても、私たちは選手たちのプレーそのものには心を動かされる瞬間、瞬間があったはずだ。だからこそ、スポーツの持つシンプルなメッセージというものは、けして政治家や政治の複雑な思惑に染められてはならないと、今大会までの経緯を踏まえて、あらためて感じる機会になった。

ただ、来年2月に予定される北京冬季五輪は、中国の人権問題などへの懸念から、欧米諸国でボイコットの声も出ている。冬季大会には、フィギュアスケートをはじめ日本人が世界でトップを争う人気種目も多く、波紋が広がっている。

また、今回の大会はコロナに翻弄されただけでなく、炎天下での試合の過酷さも大きな問題となった。温暖化は世界共通の問題。東京も招致時の8年前に比べ、明らかに気温上昇が顕著になった。4年に1度、夏と冬に開かれてきた大会のあり方について、議論が始まるきっかけとなるかもしれない。

これまでは、1964年の「伝説」としてでしか知らなかった自国開催のオリンピック。国家の発展というシンプルな目的が主だったあの時から、商業五輪の側面が強くなるなど、五輪自体の持つ意味はすっかり変わってしまった。今回、実際に身近で体験することで感じた良さ、悪さは今後、「伝説」という形ではなく、「現実」というレガシーとして、後世に伝える、伝わっていかなければならないと感じている。

特集　東京２０２０——オリンピックの挽歌

被災者が語る復興五輪のウソ

青木美希　ジャーナリスト、朝日新聞

安倍政権は復興五輪として２０１３年に五輪の誘致に成功し、16年3月11日には復興の基本方針でこう五輪を位置づけた。

「２０２０年には東京オリンピック・パラリンピック競技大会が開催される。これを『復興五輪』とし、東日本大震災の被災地が復興した姿を世界に発信する」

しかし実態はどうだっただろうか。

政府は避難者の継続要望や署名を無視して避難先住宅や医療費打ち切りを進め、多くの被災者を苦しめ続けている。

そして五輪は、被災地の現状を世界に発信しないまま、幕を閉じた。

現状を伝えたかったのに

現状を知ってもらいたいという現地の人たちの声は多くあった。聖火リレーがその一つだ。

２０２１年3月25日午前9時40分、東京五輪の聖火リレーは福島県楢葉町・広野町のスポーツトレーニング施設「Jヴィレッジ」をスタートし、各地を少しずつ走って回った。ところが双葉町によると、町側が作ったコースに、大会組織委員会が同意しなかった。

町によると、町の作ったコースは、復興が進んだ象徴であるJR常磐線・双葉駅舎と、まったく復興が進んでいない倒壊した家屋の対比ができるコースだった。結局、そのコースは避難指示が解除されていないことを理由に組織委に拒まれ、聖火は双葉駅周辺を回るだけになった。コースを作った双葉町教育委員会の橋本仁さんは今でも「聖火リレーの放送を通じて、復興が進む様子とまったく進んでいない様子の双方を、日本はもとより世界に発信したかった」と残念がっている。

浪江町でも複数の町民たちが胸を痛めたと私に語った。リレーは午後に浪江町に行った。町内のスタート地点は浪江小学校だった。3人の走者が笑顔でトーチを持ち、手を振りながら「道の駅なみえ」まで聖火を運んだ。

浪江町から首都圏に避難している伊藤まりさんは、その後の浪江小学校の姿を見てつらくなり、フェイスブックメッセンジャーで私にこんなメッセージを送ってきた。

「聖火リレーが終われば（浪江小学校は）すぐ解体。ほとんどの国民はそのことを知らないでしょうね。広い道路や道の駅が次々にできていきます。皆さんは私たちが普通の生活ができていると思うのでしょうね。パフォーマンスだけです」

「解体」とは、浪江小学校の校舎のことだ。聖火リレーの翌月、環境省は同小学校の解体に着手していた。

浪江町は、原発事故で町全域が避難指示区域となり、2017年に町中心部で避難指示が解除された後も人が戻ってこない。事故前には約600人の児童がいた同小も廃校が決まり、校舎の利活用も決まらなかった。

私は浪江町に行くたびにこの学校の姿を写真におさめてきた。6月に私が訪れた際には解体が進み、ロの字型の校舎の一部がなくなっていた。そして五輪が開幕した直後の7月25日に再訪したときには、がれきの山になっていた。

五輪では本当の姿を隠したのではないか、という声は五輪の競技が行われた福島市の住民からも上がった。復興五輪の象徴として、福島県では、福島市の「あづま球場」で野球とソフトボールの予選が3日間行われた。

福島市に住む40代の男性は市内での通勤中、この10年間ほど毎日、フレコンバッグを見てきた。除染で取り除いた放射性廃棄物や汚染土を入れる、あの黒いバッグだ。

「今もあれを毎日見ているのに何が復興なのでしょうか。フレコンバッグの山は住宅地に近いところにあります。五輪の競技が行われると決まると、徐々に鉄製の塀で覆われるようになり、見えなくなっていきました」

毎日新聞と社会調査研究センターが岩手、宮城、福島の被災3県を対象に、2021年2月末に実施した世論調査によれば、東京五輪は「復興の後押しにはならない」と答えた人が61％にも達した。

失われた命

テレビが連日、五輪の華やかさを報じる中で、支援を打ち切られ、復興から遠いところで苦しんでいる人たちがいる。

福島県南相馬市で生まれ育った庄司範英さんもその1人だ。庄司さんは、妻と4人の子どもたちと一緒に戸建て住宅で暮らしていた。2011年3月の事故の際、市は市内全域の住民に避難を呼び掛けた。スーパーもコンビニも閉まって食料が手に入らなくなり、庄司さん一家も避難した。

一家は新潟県を転々とした。最初はリゾート地・湯沢町のホテルに4カ月。ホテルの提供期間が終わると、長岡市の一軒家へ移った。避難世帯用に用意された住宅で、家賃9万円は公費で賄われた。

政府と福島県は、2017年3月末にその住宅提供を打ち切った。「2020年東京五輪」の開催決定から3年半後、本番に向けた準備が本格化し始めたころだった。「除染などの生活環境が整ってきている」という理由からだ。

庄司さん一家は戸惑った。家賃が自己負担になる。1人当たり月10万円だった東電の賠償金は2012年に終わっている。「南相馬市に戻ろうか」と子ども4人に言ったが、4人とも「友だちと離れたくない」と拒んだ。事故以来、各地を転々とし、友だちと離れ離れになった。親としても、さすがにもう転校はさせられない。

それに、故郷は戻れる状態ではないと思った。事故から2年後の春、庄司さんが自宅の雨どい付近で放射線量を測ると、毎時11・49マイクロシーベルト。事故前の空間線量の230倍もあった。驚きのあまり、「もう帰って来れない」と思った。

月9万円の家賃も払えず、郷里にも戻れない。50歳を超えていた庄司さんにとって、新たな職探しは楽ではなかった。

結局、長岡市では安定した就職先が見つからず、1人で南相馬市に戻り、除染作業員として働くことを決めた。子どもたちのおむつ替えから炊事、洗濯などをずっと担ってきた庄司さんが、初めて子どもたちと離れて暮らすことになった。

別離に最も苦しんだのは、実は子どもたちだった。

2017年6月。除染作業の初出勤を控えていた。家族と別居する前日の夜、庄司さんは長岡市の避難先住宅で4人の子どもたちに夕ご飯を食べさせ、食後は他愛もない雑談でくつろいでいた。長女、次女、次男が自分の部屋に戻っていく。

庄司さんも自分の部屋に戻り、座椅子に座った。すると、障子が開き、中学3年生だった長男の黎央（れお）さんが「お父さん、もう（南相馬に）帰っちゃうの」と言ってきた。いつもは言わない言葉だよな、変だな、と思った。声が少し弱々しい。そういえば、この1週間、ずっと口数が少なかった。

「うん、来週から仕事だからね」

「いつ帰ってくるの？」

「まだわかんない」

除染の勤め先では、ため池の除染で正社員として雇ってくれるという話だった。南相馬市から長岡市まで4時間以上はかかる。いつ休みが取れ、いつ帰ってこられるか。実際に仕事に就いてみないとわからなかった。

その4日後。南相馬での初出勤の日、まだ眠っていた早朝に携帯電話が鳴った。長女の声で「黎央が、黎央が」。それだけ言って電話は切れた。次は妻からだった。「黎央、死んじゃってる」。

長岡市に戻ると、医師も警察官も家から引き揚げた後だった。庄司さんはその日、眠れずに過ごしたという。通夜の席では、女子の同級生3人が「お父さんが大好きだって言ってました」「一緒にいられなくなって寂しいって」と言っていたが、遺書はなく、本当の理由はわからない。庄司さんは「なぜ」という問いを繰り返すばかりだった。

その後、庄司さんは妻と離婚し、1人で南相馬市に戻っている。「自分のせいだ」と自らを責め、うつになり、半年ごとに入退院を繰り返す。

私が庄司さんと知り合った2019年12月にも「後を追いたい」と繰り返す。私は医師に相談したうえ、被災者を支える「相馬広域こころのケアセンターなごみ」南相馬事務所を紹介した。庄司さんは今は看護師らの訪問支援を受けている。それでも精神状態は一進一退だ。

2021年7月に私が電話し、「今月の25日に会いに行きますよ」と約束した際にも「そのときまでは生きていないと思います」と口にしていた。

重度精神障害相当の人は全国平均の倍近く

被災者の精神状態は全国平均よりも深刻だ。

避難指示が出た12市町村などの約20万人を対象に福島県が毎年実施する健康調査（2019年実施版）によると、回答者3万0674人のうち、5・7％が重度精神障害相当となった。

年ごとに徐々に減ってきてはいるものの、平常時の全国平均（3％）の2倍近くという状態が続いている。そうした中、帰還困難区域の住民と原発周辺の年間世帯所得600万円以下の被災者に対して継続されていた医療費の一部負担金免除措置も打ち切られようとしている。

庄司さんは「医療費がかかるようになると、困ります。また入院することになったときは、どうしたらいいのか」と動揺を隠せない。私がこれまでに会った原発避難者にも、避難生活で心身の治療が必要となった人は数多い。医療費免除まで打ち切りになったら、受診を控える人も出てくるだろう。

実際に2021年3月末に打ち切られた岩手県では受診控えが起きている。岩手県保険医協会が災害公営住宅などの被災者にとったアンケートでは、窓口負担が生じた人に「必要な通院ができていますか」と尋ねたところ、国保加入者の39・7％、後期高齢者医療制度加入者の41・7％が「通院の回数が減った」と回答している。

彼らの避難生活はもう10年以上。そうした人々に関する報道量も減った。見えないところで、彼らは今も、経済的にも身体的にも、そして精神的にも追い詰められている。

南相馬市で3つの仕事を掛け持ちしながら中学生の子ど

黎央さんのことを話しながら、
涙を拭う庄司範英さん（筆者撮影）

もを育ててきた50代の女性は「収入が減り、これで医療費が打ち切られたらカウンセリングにも通院できなくなります」と訴える。コロナ禍で収入源が1つ減った。コロナの感染予防のための時短要請で、飲食店が営業を縮小してしまったからだ。この女性は「周囲にもうつやPTSDになっている人が多いです。政府は人間を人間としてみていないですね。殺したいんでしょうか。原発事故に続いて、また棄民です」と話す。

40代男性は事故後、妻と娘と共に新潟県へ避難した。5年前、避難先で妻が突然「息苦しい」と倒れて急死。娘はまだ小学生だった。男性は一人で子育てをしながら、カウンセリングを受け続けている。「医療費打ち切りはきついです。病院に毎月かかっていますから。睡眠薬も出してもらっています。切られたら、ほんと、どうしよう…」

大会組織委員会が2020年12月に公表した数字によると、東京五輪の予算は1兆6440億円にもなる。国や都の「関連経費」を合わせると、全体では3兆円を超えるという（2020年12月23日付朝日新聞）。

かたや「復興五輪」の〝地元〟である被災地向けの予算は大幅に削られていく。政府の復興予算は、2021年度からの5年間で計1兆6000億円になる見込みだ。2020年度までの5年間では計6兆5000億円だったから、約4分の1に激減することになる。

いまだ住めない地域も

除染もされないまま、取り残されている地域もある。放射線量が高い帰還困難区域だ。

大会期間中の盛夏、私は福島に向かった。

7月25日、私は柴田明範さん（55）と一緒に車で福島県浪江町に向かっていた。国道114号から津島地区の集落に入る道路は、「内閣府」と書かれた銀色のバリケードでさえぎられている。柴田さんの自宅はこの向こうにある。

警備員に許可証を見せ、ゲートを越えた途端、柴田さんの線量計からピーピーというアラーム音が出た。数値は0・7～0・8マイクロシーベルト／時。時間の経過とともに減ってきたとはいえ、まだ事故前の10～20倍もある。

東京電力福島第一原発の事故後、政府は除染を進め、少しずつ「避難指示」を解除してきた。しかし、原発から北西に延びる放射線量が高い地域、7市町村にわたって今も帰還困難区域がある。そのエリアの除染対象はわずか8％だ。柴田さんの自宅は、この8％ではない、除染が決まっていないエリアにある。

ゲートの向こうには、適切な言葉も見つからないほどの荒廃があった。草木で壁も見えなくなった住宅、軒先の赤いフードが垂れ下がって落ちた商店、窓ガラスがいくつも割れている店舗兼住居……。

「ここは長男がよくパンを買っていた店です。この商店は2件だけでした」

坂道を上っていくと、両側には高さ5～6メートルの木々が生い茂っていた。

「どう見ても森にしか見えないでしょう。ここに田畑が広がっていたんですよ」

言われてみると、森の間にビニールハウスの骨組みが見える。車内の放射線量は1・3マイクロまで上昇していた。やぶに囲まれた細い道に入る。

「ここはうちの私道で、両側にはうちの畑が広がっていました。ブルーベリーや白や紫、ピンクのリンドウを育てて、いつか奥さんとブルーベリーの観光農園をやろうと思っていてね。山菜を採って、肉を買ってきて、育てた野菜と一緒にバーベキューをして……。連休やお盆には親戚も集まって20人ぐらいでわいわいやるのが恒例で。楽しかったですよ」

ここを切り開き、畑をつくったのは柴田さんの祖父母。柴田さんは農家の3代目で、父母と妻、子供5人の計9人で暮らしていた。

やぶの道をさらに進むと、瓦屋根の平屋住宅が見えた。サンルームや玄関の下部にオレンジ色のベニヤ板が張られている。イノシシが侵入しないようにするためだという。ベニヤ板にはイノシシの茶色い足跡が残っていた。上に向かうように7、8個。ベニヤ板をよじ登ろうとしたようだ。

柴田さんは「イノシシだけは許せない」と言う。

「汚染がひどくて、家にはもう住めないんです。新潟大学の教授に家の中の放射線量を測ってもらって『住めるレベルではない。解体しかない』って言われた。だから、もう住めない……それでも、イノシシに荒らされるのは許せない」

被災地では狩猟者がいなくなった地でイノシシが大量に繁殖し、家屋を荒らしている。私もこれまで、イノシシの被害にあった家々を福島第一原発周辺でたくさん見せてもらった。あちこちにフンは散らばる、家具はぐちゃぐちゃにされる。家の中では、足の踏み場も残らない。そんな状態になるのが耐えられないという柴田さんの気持ちはよくわかった。終の棲家にと建てた家だ。

「将来は長男一家が住めるようにと思って、平屋の上に2階を建て増しできる作りにしたんですよ」

柴田さんの両親は原発事故まで隣に建てた家に住んでいた。いまはガラス戸が破られ、玄関のドアは外側に開きっぱなし。ガラス戸を突き破ってイノシシが入ったとみられる。

柴田さんの両親が住んでいた家。
イノシシがガラスを破って侵入し、荒らしまわった（筆者撮影）

「奥でタンスが倒れているでしょ？　食べ物を探してタンスを倒したんだと思います」

中に侵入したイノシシが、荒らしまわった挙句、玄関のドアに突進して出ていったように見える。玄関にはピンクの座布団が玄関に落ちている。

両親、自分たち、長男、長男の子供たち……。大家族で長く過ごせる場所を、柴田さんは作っていた。それが、いまは。

柴田さんの家の中を案内してもらうため、車の外に出ようとすると、窓にくっついているアブに気付いた。前にも横にもいる。大きい。2〜3センチ以上はありそうだ。20匹以上いるかもしれない。ピーピーという耳慣れない音が車内で鳴り始めた。

「衝突防止センサーですね。アブに反応しているんです。畑や家の周囲がやぶに覆われてしまって、大量発生しているんです。事故前はこんなことはなかった。前は冬だったので家に入れたんですけど……夏は難しいです」

センサーが「衝突の危険がある」と間違ってしまうほどのアブの大群。車内から見えない部分をびっしり覆っているのだろうと、ぞくっとした。

「これは無理ですね。出た途端、刺されます。痛いです」

私たちは家に入るのを諦めざるをえなかった。

この日は東京オリンピックの3日目。テレビは五輪一色になり、ネットにも五輪の中継や関連ニュースが溢れていた。やぶになった柴田さんの畑を目の前にしながら、私はスマートフォンを開いた。ちょうど、東京・有明でスケートボートの男子ストリートの決勝が行われていた。堀米雄斗選手が金メダルを取った種目だ。画面を見せると、柴田さんはこう言った。

「復興五輪というのは、復興していないわれわれにとってはウソですよね。違和感があります。招致のために復興というウソを使われたのはいやだなと思います。ここにこそ選手団に来てもらい、福島の実際の姿を世界に発信してほしかった。でも、野球やソフトボールの選手団は新幹線で福島駅に来て、新幹線で帰るだけでしょう。インタビューで選手が『福島はきれいでした』と答えていました。復興していない被災地の本当の姿は見せなかった。復興はもう終わったと、誤った発信になってしまったのではないでしょうか。私自身は30年経ってもここに帰れないんじゃないかというのが実感です」

柴田さんに津島地区を案内してもらった。事故前の地区人口は約1400人。小学校と中学校、高校も揃っていた。そのすべてに足を運ぶ。津島小には事故当時、6年生だった柴田さんの次女が通っていた。

体育館横には花を育てるのに使っていた小さなシャベ

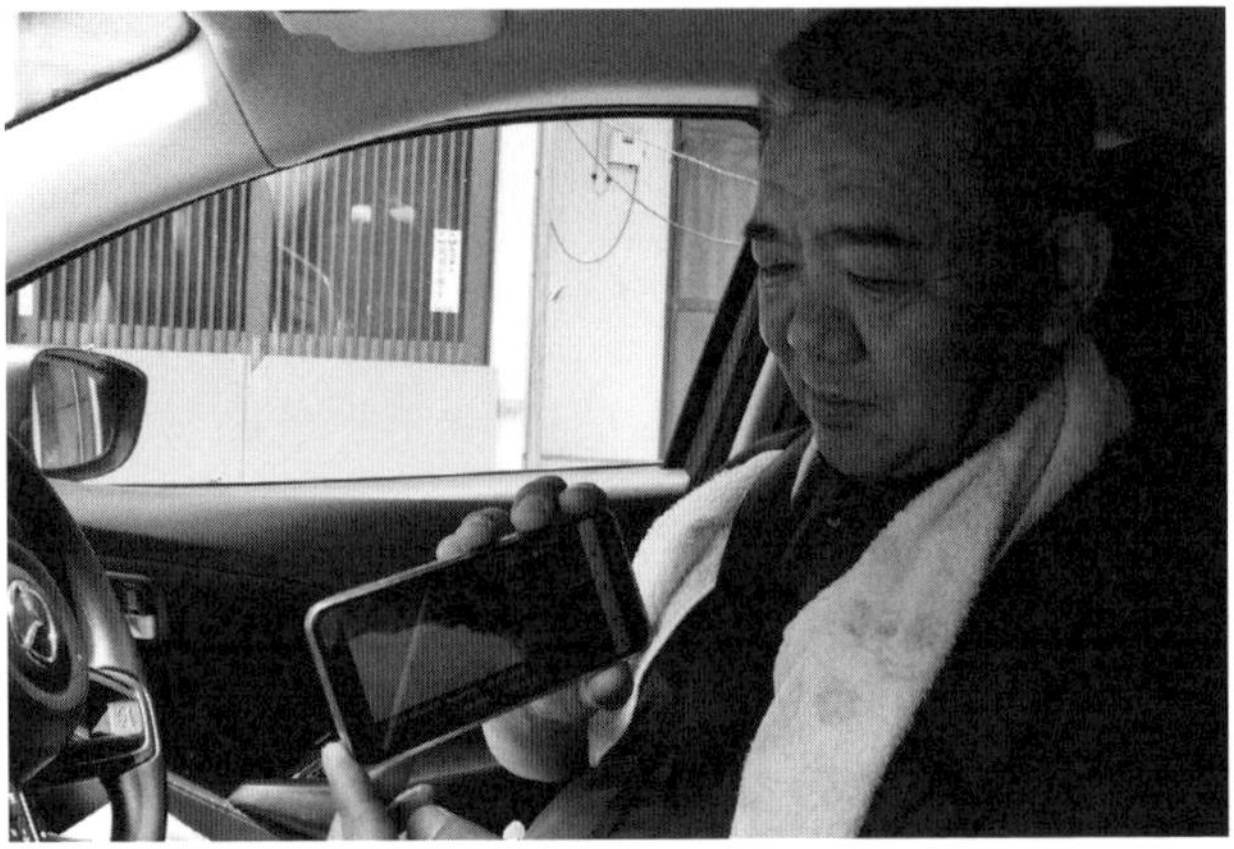

柴田明範さん。浪江町の自宅前で。
スマホで東京五輪の中継映像を見ながら語った（筆者撮影）

ル。30本ほどがバケツの中で錆びている。3階建ての校舎を窓からのぞくと、「こんだて表」「学級の係」などが貼ってある。「がっこうはたのしいよ」とひらがなだけの紙も教室の後ろに貼ってあった。1年生の教室だろうか。別の教室では、薄い桃色の造花が3本ほど下に落ちていた。時が止まったような校内。ここでは造花も枯れるのか。

校庭を見渡せる場所で、柴田さんは言った。

「校庭では毎年、小学校と中学校、高校の保護者対抗のソフトボール大会をやっていたんです。お母さんたちは体育館でバレーボール大会。100人近くの大人が参加します。大会前から盛り上がったなあ。子どもたちは地域全体の子どもたちだったんですよ。子どもが歩いていれば、『どこどこの家の子だ』って会話になる。

うちの子が車で津島地区の人の車に軽くぶつかって、キズをつけてしまった時も『柴田さんのうちの子か。じゃあ、もう行っていい』と言われて、そのまま帰ってきました。今はみんなばらばら。孤独です。地域も、家も、畑も、仕事もすべて失った。失わなかったのは家族だけです」

県立浪江高校津島校には、体育館のわきに支援物資が入っていた白い段ボールが置いてあった。原発事故の避難所だった痕跡だ。段ボールの側面には「災害時救急物資　毛布　新潟県　10枚」の印字。それもまた、緑のツタに覆われていた。

2011年3月の原発事故後、浪江町役場は福島県・中通り地区の二本松市に移った。公共施設内に役場機能が設けられ、プレハブの仮設住宅も二本松市内に次々と完成。高校もここで再開することになった。柴田さん一家は栃木県の親戚宅での避難生活を経て、二本松市へ。6月には家族9人が4つの仮設住宅に分かれて入居した。

柴田さんは思い悩んだ。仕事も家もなくなった。住宅ローンなどの残債が600万円以上ある。

二本松市の中学に入学した次女は、同じ浪江町出身の友だちが新しい級友から「放射能を浴びてきたんだから寄ってくるな」とばい菌扱いされていることにショックを受け、不登校になった。柴田さんは「このままでは家族も守れない」と不安を募らせていく。

柴田さんはその夏、倒れて救急車で運ばれた。メニエール病。右耳が聴こえなくなった。めまいもひどく、部屋にこもる時間が増えた。やがて、今度は双極性障害（躁うつ病）と診断された。

それでも妻らの支えもあり、生活を少しずつ立て直した。「家族みんなで住める場所を」と築66年の中古住宅を購入し、大掛かりなリフォームを施した。そうした資金は、賠償金では十分でなかったという。

柴田さんはいま、難聴やめまいを押して建設会社でアルバイトとして働いている。50代半ばという年齢のせいで、正社員の職は見つからない。東京電力から出ていた月10万円の慰謝料は4年前に終わった。その貯金も減る一方となり、気持ちが休まることはない。

アルバイト先で以前、同僚に何度も慰謝料のことを言われた。「毎月10万円もらっていいいな」と。おごれと言われることもあった。あるとき、外での休憩時間にまた同じことを言われた。いつものような、からかう口調だ。あの悔しさを柴田さんは忘れたことがないという。故郷や日々の暮らしは、いったい、いくらだと言うのか。柴田さんは言い返した。

「おれ、あんたに10万払うから、仕事辞めて、家捨てて、全然知らない所で暮らしてみろ。そうすっとわかるから。生活できるんだったら、してみたら」

それ以降、その同僚は何も言わなくなった。

「賠償金のことを言ってくる人は、故郷や仕事を一度に奪われる状態がどんなものか、想像ができないんだ」

柴田さんの案内で浪江町を訪れる前、私は福島市に足を運んだ。東京五輪の会場となった「あづま総合運動公園」を訪ねるためだ。復興五輪の象徴としてソフトボールと野球の一部がここで行われた。試合があったのは、7月21、22、28日の3日間のみ。訪れた日には、ちょうど試合がなかった。

福島駅から運動公園までは車で20分程度だ。五輪を示すのぼりが十数本あっただけで、五輪をアピールする看板や横断幕などは周囲に見当たらない。運動公園に着くと、ようやく、「TOKYO 2020」の幕が目に入った。警備員や警察官のほかに人影はほとんどない。「復興」を掲げて誘致した東京五輪とは、結局、何だったのか。

俳優の吉永小百合さんは8月6日の朝日新聞朝刊オピニオン欄のインタビューで、こう答えている。

「オリンピックについて語ることは難しいですね。ただ本当に復興五輪というのであれば、東北3県で開催するのならわかりますが、少しだけ東北に持ってくるというのは、どうなのでしょうか。ちょっとわからないですね」

浪江町中心部は2017年に避難指示が解除された。それに伴って、自営業を再開しようとした60代男性は、こう話していた。「自分の事業を再開しようにも、仕入れ先が再開しておらず、環境が整っていない。復興五輪？ 復興の現状を見せつけようとしたのなら、こっちで決勝をやればよかったんだ」

浪江町から福島市に避難している今野寿美雄さん（57）は、いつもの五輪では野球を中心に観戦を楽しんでいた。今回は「見る気がしなかった」。五輪期間中は作家の渡辺一枝さんや歌手の白崎映美さんらと被災地を回り、同じような境遇の人たちと話し込んできた。その中では「こっちは家を失っているのに、五輪どころじゃね」という言葉を多く耳にしたという。今野さん自身の生活の見通しも立っていない。

「これまでの五輪の開催地はすたれてきました。借金と箱物だけ残る。復興五輪もこれで過去になります。原発事故もその被害も過去のものになる。何のための五輪だったか、誰も明らかにしないまま、終わりました。これで、すべてが終わったことにされてしまうでしょう」

2021年8月31日、政府は帰還困難区域から避難を余儀なくされている人たちに帰る意思を確認し、帰還希望者が帰るのに必要なところを除染するという方針を打ち出した。

これまでほかの地域は地域一帯の除染をしており、地元自治体も住民も地域一帯の除染を求めてきた。浪江町の担当課は「除染がまだらになり、取り残されてしまう人が出る」と危惧する。

原発周辺地区は国が除染を行い、東電に費用を求償する仕組みだ。しかし今回は国が全負担するという。私は官僚に「青木さん、帰還困難区域全体を除染したらいくらかかると思っているんですか。除染しても戻る人はわずかでしょう。費用対効果は」と言われてきた。そもそも、なぜ東電が払うべき除染費用を税金で肩代わりすることになるのだろうか。そしてなぜ、被災者が費用対効果と言われなければならないのか。

柴田さんは言う。

「これが日本で起きている現実です。国が私たちを、見捨てています」

特集 東京2020——オリンピックの挽歌

リスクとスポンサーシップ

海老塚 修
桜美林大学

1896年の第1回近代オリンピック競技大会以来、3回の戦争による中止を経験し、「2020」大会は第32回の夏季大会となった。IOCは中止された大会もカウントする方針なので、実際のオリンピックは29回しか開かれていない。開催されなかったのは1916年ベルリン、1940年東京、1944年ロンドンで、いずれも世界大戦が理由だ。ベルリンと東京は完全に中止。ロンドンは事実上4年後に延期になった。戦争以外の要因でオリンピックが予定通り開催されなかったのは今回が初めてであり、1年という変則的な延期も前代未聞である。

IOCを頂点とする世界のスポーツ組織は、各国政府や行政の支援をはじめとして企業、市民などからのさまざまなサポートを得て維持され、競技・イベントを実施してきた。オリンピックはその最たるものであろう。平時であればスポンサー、テレビ局、観客などのステイクホルダーはIOCや組織委員会などのオリンピック当事者との契約や約束事が履行されることに何の疑問も持たない。しかし、今回ばかりは違った。

開催延期、そして賛否が渦巻く中での変則的な開催は、政治判断と市民感情の行き過ぎた関与がスポーツに主体的な判断を許さなかった結果ともいえるだろう。そのような中で、経済的合理性を判断基準とするスポンサー企業などはどちらかというと置き去りにされてしまった感がある。オリンピックに影響を与えたリスクを振り返り、企業支援（スポンサーシップ）を軸に検証してみようと思う。

1964年オリンピックと企業の支援

菅総理大臣（当時）が国会の党首討論の場で「東洋の魔女」の思い出に言及し、野党だけでなく多数の国民も唖然とする出来事があった。首相の真意はともかく、高齢者にとって1964年の記憶は鮮やかだ。大会は支障なく、無事に開催されたが、アジアで初めて行われた東京大会のリスクは、日本が本当に開催できるか、だったかもしれない。当時、企業はどのように大会にかかわったのだろうか。

1964年の東京オリンピックでは公式スポンサーという形式の企業支援はなかった。大会の実施にかかわった企業には、陸上競技や競泳の計時を請け負ったセイコー、900台のタイプライターを提供しプレスセンターを運営したオリベッティなどがある。両社ともにオリンピックを「支えた」という事実をPRに活用しただけで、スポーツマーケティングという施策が登場するのは、まだはるか先である。

1964年大会で商業活動に「オリンピック」を最も利用したのは日本専売公社（現JT）だったのではないだろうか。オリンピックと煙草の結びつきなど今ではあり得ないが、時代が違う。専売公社は、有力ブランドのピース10本入りのパッケージを公式エンブレムと競技のイラストをあしらって発売した。イラスト化された競技は20。パッケージはオリンピックの5色である青、黄、黒、緑、赤の5種類が用意された。それだけではなく、記念たばこ「オリンピアス」も企画され、こちらは10円の寄付金付き（60円）で販売された。特に海外からの観客、参加者を意識して「TOKYO64」という名称のフィルター付きたばこまで発売されたのである。これらは1961年（昭和36年）6月に公布された「オリンピック東京大会の準備等のために必要な特別措置に関する法律」に則ったもので、オリンピックの準備・運営経費の国庫補助や国有財産の無償使用、寄付金付郵便はがきの発行、日本専売公社等による支援などが定められたのであった。

1972年のミュンヘンまで、オリンピック大会の運営経費は開催国と開催都市が予算化して負担するものだった。IOCは収入源がなく、ほとんど無一文だったので組織委員会を援助するどころではなく、現在の強大なイメージとは程遠い存在だった。

テレビ局という企業のかかわり

コマーシャリズムに背を向けていたオリンピックは、企業に対して協賛（スポンサーシップ）を求めることはなかったが、競技を放送するテレビ局との金銭取引（権利金）には拒否感はなかったようだ。１９６４年当時は放送権というビジネスは未成熟で、ＮＨＫが50万ドル（約1億７５００万円）を支払ったものの独占放送ではなく、各民放テレビ局も並行して中継を行った。

ビジネスとしての放送権に関しては、アメリカ国内開催だった１９６０年スコーバレー冬季オリンピックの権利をＣＢＳが取得したが、放送権料はたった5万ドルに過ぎなかった。ＣＢＳは同年のローマ大会も40万ドルほどで契約した。大きな変化はその4年後に起きた。通信衛星テルスターの打ち上げが成功し、太平洋を隔てた日本からのライブ中継が可能になったのである。ＮＢＣは当時でいえば破格の１５０万ドル（5億４０００万円）を支払い、ＣＢＳを押しのけて東京オリンピックのアメリカ向け放送権を獲得した。放送権の基本は優良コンテンツの独占による視聴者の囲い込みである。アメリカでは3大ネットワーク（現在は4大ネットワーク）間の競争が激しさを増し、１９６８年メキシコでは時差がないことも手伝って４５０万ドルに上昇。１９８４年ロサンゼルスの権料は2億２５００万ドル（約５６０億円）まで跳ね上がったのである（参考までにジャパンプールの契約金は１８５０万ドル、約46・3億円だった）。オリンピックはアメリカ市場を軸に魅力的なコンテンツとして評価が定まっていった。

モスクワ、ロサンゼルスまで放送権交渉の当事者は大会組織委員会だったが、ＩＯＣはオリンピック大会の主催者として交渉の主導権を握るという方向転換を図った。テレビ局各社に対し長期的に有利な立場を確保しようとしたわけである。組織委員会はあくまで「時限立法」の組織であり、開催地の事情が必然的に優先するので交渉で一貫性を保つのは難しかった。

今に至る放送権料の高騰を決定づけたのは、カルガリー（カナダ）で行われた１９８８年冬季オリンピックである。ＡＢＣは冬季大会だったにもかかわらず3億９００万ドルを提示して放映権を獲得したが、ＡＢＣをＮＢＣと競わせて超高額な権利料を引き出したのが当時すでにIOC委員でもあったカルガリー組織委員会のディック・パウンド理事である。2020オリパラに関して中止はあり得ないとしてたびたびメディアに登場した「最古参IOC委員」は、オリンピックのコマーシャリズムを推し進めた中心人物である。

オリンピックは魅力的なメディアコンテンツだったが、放送ビジネスとしてのリスクは顕在化しつつあった。ジャパンプールは、モントリオールオリンピックから引き続きNHK民放連合としてテレビ中継を担う考えであった。ところが、切り崩しにより放送権料のかさ上げを狙いたいモスクワオリンピック組織委員会（MOOC）の思惑に呼応するように、日本教育テレビ（NET、現在のテレビ朝日）が先手を打って独占放送権を契約したのである。モントリオールの6倍以上の850万ドル。しかしその後世界情勢はアフガン侵攻を行ったソ連を追い詰める動きを強め、アメリカはオリンピックボイコットという乱暴な手段に出た。アメリカに同調した日本政府と体協の判断で日本も選手団を送らないことを決定。日本選手が出場しないオリンピック放送は著しく価値を下げたのである。アメリカNBCはさらに深刻だった。8700万ドルという日本の10倍以上の金額で契約にこぎつけたが自国のボイコットで150時間予定された番組化は数時間のハイライトにとどまった。NBCの損失は3400万ドルに上ったといわれている。

NBCは高い授業料を払ったが、その後もオリンピック放送権交渉におけるメインプレーヤーとして存在感を高めていった。現状では何と2032年までの放送権をIOCと結び、その中にはもちろん東京2020も含まれる。IOCの収益の約7割は全世界の放送権料が占め、その半分ほどはアメリカなのである。

オリンピック開催リスクと商業化

1970年代から80年代にかけてのオリンピック大会は、1972年ミュンヘンでのテロ発生や、1976年モントリオールでの反アパルトヘイト・ボイコットなどが相次ぎ、経費増大もあって開催に立候補しようとする都市はほとんどなく、大会を開催することすら危うくなってきた時代である。

オリンピックの企業スポンサーシップは、1984年のロサンゼルス大会から導入されたという印象を持つ人々は多い。しかし同年、半年前に行われたサラエボ冬季オリンピックでもコダック、コカ・コーラなどがスポンサーとして名を連ね、日本企業もニコン、明光商会、三菱自動車が契約した。大会後に住宅としての転用を前提に建築された選手村の中心を走る道路はミラージュ・ストリートと名づけられた。数多くの車輌を提供した三菱自動車のブランドにちなんだネーミングだった。

無投票で1984年のオリンピックを招致したロサンゼルスの開催要件は驚くべきものだった。ホスト国アメリカやカリフォルニア州は資金援助を一切行わず、全てを民間の運営に委ねるという。事実、ロサンゼルス市民の何と83%がオリンピックに反対していたので行政は税金投入を控えざるを得なかったのだ。政府・行政が口を出さない異例のオリンピックの組織委員長に任命されたピーター・ユベロスはオリンピックをスポーツ大会というよりエンタテインメントとしてとらえ、企業や市民、そしてメディアに対してアプローチしようと考えた。モントリオール大会は、実に628社にも上る企業からサポートを得たにもかかわらずホストシティは大赤字を抱える結果となった。そのうち42社はオフィシャル・スポンサーとして総額500万ドルの支払いと1200万ドル相当のVIK（無償物品提供）を行った。しかし、これは収入全体（4億3000万ドル）のたった3%弱に過ぎなかった。

ユベロス委員長は過去のオリンピックで行われてきた物品・サービスの無償提供を何百社にも依頼することは、手間ばかりかかって実質的な成果に乏しいと判断した。そして、カテゴリー（業種）を絞り、独占排他権を前面に出してスポンサーセールスを行うこととした。オリンピックの注目度とスポンサーシップ機会の希少性を価値に置き換え、ライバル企業同士を競わせたのである。その結果1億2100万ドルにのぼる企業からの協賛金を獲得し、全収益の22%に達したのである。

ロサンゼルスオリンピックで確立された企業スポンサーシップの仕組みや構造は、その後のさまざまなスポーツイベントにおける資金調達の基本となった。しかし、他のイベントにあってオリンピックにはない「もの」がある。まず、競技場内のブランド露出（広告）がオリンピック憲章で許されないこと。そして、大会のスポンサーになっても、開催国の外では権利が認められないことである。これは各NOC（国内オリンピック委員会）がそれぞれの国でオリンピックに関するコピーライトを法的に管理しているために生じる制約だが、2020オリンピックでも全く変わることはない。

オールジャパンとリスク回避

東京２０２０オリンピック・パラリンピック組織委員会は１５００億円という高い目標を掲げ、国内スポンサーシップのセールスに着手した。協賛のレベルをＴｉｅｒ１、Ｔｉｅｒ２、Ｔｉｅｒ３と３段階に分け、上位からゴールドパートナー、オフィシャルパートナー、オフィシャルサポーターと称号を定めた。あくまで非公式だが、ゴールドパートナーの協賛金は１５０億円、オフィシャルパートナーは60億円、オフィシャルサポーターでも20億円前後と高額で、かなり強気の設定だった。はたしてセールスの実績は目標の2倍以上の３７００億円に達し、ＩＯＣは過去のいかなるオリンピック大会をもはるかに上回る記録的成果だと賞賛したのであった（２０１９年6月）。

清涼飲料水やクレジットカード、ホームエレクトロニクス、スマートフォンなどＩＯＣワールドワイドパートナー（ＴＯＰ）14社の独占排他カテゴリー以外の業種から協賛企業を募るという厳しい制限がある中で、15社のゴールドパートナー、32社のオフィシャルパートナー、21社のオフィシャルサポーターが契約に至った。これだけの企業数がスポンサーシップの枠組みに収まった最大の理由が「一業種一社」というスポーツマーケティングの大原則に拘らなかった点にある。

東京 2020 オリパラ非独占オフィシャルパートナー

業種	オフィシャルパートナー企業
旅行代理店	JTB　近畿日本ツーリスト　東武トップツアーズ
エアライン	日本航空（JAL）　全日空（ANA）
エアポート	成田空港　羽田空港
鉄道事業	JR 東日本　東京メトロ
印刷会社	大日本印刷（DNP）　凸版印刷
警備保障	セコム　綜合警備保障（ALSOK）
食品	味の素　キッコーマン　日清
デリバリー	日本郵便　ヤマト運輸
新聞	読売新聞　朝日新聞　毎日新聞　日本経済新聞

ゴールドパートナーでは、NECと富士通、みずほと三井住友、東京海上日動と日本生命が競合関係にあるにもかかわらず「同居」を決めた。

オフィシャルパートナーでは、旅行代理店、エアライン、エアポート、鉄道会社、印刷会社、警備保障、食品、デリバリー（郵送、宅配）などのカテゴリーで複数社が協賛。さらには、読売新聞、朝日新聞、毎日新聞、日本経済新聞がそろってオフィシャルパートナーに名を連ねている。仮に常識的な独占排他の原則に則って協賛社を募集したなら、20社以下までオフィシャルパートナー企業数は減ってしまうことになる。同様にゴールドパートナーも3社は減ることになるだろう。そうなると、仮定の話だが、協賛金額では1200億円以上の減額になる可能性があったのである。

オフィシャルパートナー企業の中には、スポーツマーケティングやスポーツを通じた販売促進に適さない業種も少なからず存在する。例えば、新聞社である。公平で正確な報道が旨であるマスメディアが、取材対象に協賛金を支払って何らかのメリットを得る。報道にバイアスがかからないと言い切れるだろうか。ましてや主要新聞がこぞって協賛するなら、差別化を実現することなど不可能だ。また、エアポートは何を期待してオリンピックに協賛するのだろうか。費用対効果というビジネス尺度だけでは、協賛理由の正当化は難しい。

世界で唯一のスポンサーシップ専門調査会社ＩＥＧ（アメリカ、シカゴ）によれば、一般に企業が最も重視するスポンサーシップメリットは独占排他権利（69％）で、2番目がイベント会場での看板等の露出（62％）である。ところがオリンピック大会では、会場内でのスポンサー露出は厳格な規定により原則許されない。その上、東京2020ではいわゆる1業種1社の独占排他権が徹底されないとなると、各企業はマーケティングやブランディングの枠を超えた経営判断により、協賛に至ったとみるべきなのかもしれない。その結果が総額3700億円にのぼる協賛金だとしたらスポーツマネジメントの快挙であり、国民が期待するオリンピック・パラリンピックの成功を後押しする歴史的CSRだったといっても過言ではない。

日本政府は2019年の7月付の文書で「2020東京大会は、復興オリンピック・パラリンピックと位置付けられている」と明言している。国の姿勢は企業経営にも浸透し、財界としても一致協力してオリパラを支援し、復興を手助けするという不文律が生まれたとしても不思議はない。マーケティング成果を必ずしも追及しない「オールジャパン」スポンサーシップなのである。

権利取得により得るメリットと金額を評価して協賛に踏み切る。これが通常のスポーツマーケティングだ。しかし、2020オリパラに対しては協賛しないことによるリスクを回避しようという経営判断を下した企業が少なからずあるのではないか。リスクとは、言うまでもなくオールジャパンに背を向けたという誹りである。

延期そして無観客開催のリスク

東京オリパラの開催年。年が明け、いよいよラストスパートというタイミングで新型コロナウイルスの感染がじわりと広まってきた。そして、収束が見極められない中で3月30日、日本政府とIOCは開催の延期を決定したのである。

1年延期に伴い、施設、人員の確保など、2019年時点の試算より22％多い1兆6440億円の開催経費が見積もられた。この追加費用、2940億円のうち1030億円を組織委員会が負担することになったが、その一部220億円をスポンサー企業の協賛料金の上積みという形で交渉が行われた。結果、何と全スポンサーが追加支払いを了解するという驚きの成果となった。拒否できなかった、というのが真実に近いだろう。オールジャパンの結束が崩れることはなかったのである。

企業各社にはさまざまな背景があってスポンサーシップ契約に至ったはずである。「話が違う」と言って契約を破棄する判断があったとしてもおかしくない。予定されていたメガイベントが半年を切った時点でキャンセルになったのだから、困惑するのは当然である。スポンサー企業サイドに瑕疵は一切ない。

看板、ゼッケンなど競技施設内のブランド露出が許されないオリンピックのスポンサーシップにおいては、商品パッケージや広告表現における公式エンブレム・マスコットの使用、チケットやグッズなどの販促利用といった権利が重視される。900万枚ほどあった一般売りのチケットが極めて倍率の高い抽選になった理由の一つがスポンサー企業に約束された「チケットの優先購入権」への対応である。観戦意向の高さからチケットを活用した販促キャンペーンは効果抜群と思われたが、残念ながら頓挫した。

さまざまな会場で競技が行われるオリンピックでは、施設の内外での商品販売やデモ・サンプリングが商売に直結する。これも無観客では意味をなさない。場内販売の独占権の扱いで最も迷惑したのはアサヒビールだ。オリパラ担当相の「大会の性質上、ステイクホルダーの存在」などという思わせぶりの答弁が、かえってスポンサー企業に対する消費者のネガティブな感情を生んだのである。

そして、オリンピックをテーマとした広告だが、68社のスポンサーの中でも積極的に展開した企業は限られた数にしかならなかった。理由はシンプルである。オリンピックの開催直前になっても世論調査によると開催反対が55%対30%と賛成を圧倒しており、ビジネス判断として多数派を「敵に回す」コミュニケーションを実施することは愚かだからである。

スポンサーシップの権利はいくつかのコンポーネント(活用が許諾される便益)から成り立っている。対象スポーツの権威や人気をベースとして、前述した使用権や優先権などの提供が約束されるのだが、2020オリンピックでは一体どの程度のコンポーネントが実現したのだろうか。履行義務が果たされなかったならば契約違反、契約金の減額も視野に入ってくるが、コロナ禍による無観客開催が不可抗力にあたるかどうかは争点の一つになるであろう。

スポーツイベントの契約では戦争、大地震などによる開催のキャンセルが当事者の過失にはあたらず、能力を超える事態として不可抗力による免責事項とするのが普通だ。感染症とその影響がどのように判断されるか、慎重な検討を要するだろう。

イベントリスクと感染症

あらゆるイベントは大なり小なり何らかのリスクを負っている。

戦後、国際化やメディアの発達とともに発展を遂げてきたスポーツイベントにおけるリスクは、もっぱら民族・人種や東西の政治対立などに関してのものだった。開催地のテロ行為。政治的デモンストレーション。国家権力に圧力をかけるためのオリンピック参加ボイコットや、逆に参加を認めないことだ。モントリオール、モスクワ、ロサンゼルス大会には数十カ国が代表団を送らず、オリンピックは不完全な形での開催を余儀なくされた。ソウル大会の混乱を意図した北朝鮮による爆破テロも起き、罪のない多くの命が犠牲となった。

サッカーのヨーロッパ選手権(EURO92)では、予選を勝ち抜いたユーゴスラビアがボスニア・ヘルツェゴビナ内戦による国際試合参加禁止の制裁を受け、UEFA（ヨーロッパサッカー連盟）から出場権をはく奪されるという事態が生じた。当時のユーゴスラビア代表監督はその後日本代表監督に就任するイヴィツァ・オシムである。

世界大戦以外、紛争や武力行使によってスポーツ大会が中止されたことはないが、ミュンヘンオリンピックでの「黒い9月」によるテロに関連しては、あまりの衝撃の大きさに大会の中止を求める声が上がった。しかしIOCは「中止はテロに屈服することにつながる」とし、1日ずつ競技実施を繰り下げた上での大会続行を決定したのであった。オリンピックスタジアムで行われた追悼式で、ブランデージ会長（当時）は怒号渦巻く中で大会の続行をこう宣言した「The game must go on!（大会は続けなければならない）」。改めてこれを読み返すと、2020オリンピック開催に拘ったトーマス・バッハ現IOC会長の姿勢がダブって見える気がしないだろうか。

気象や自然災害も大きなリスクである。アルペンやノルディックなどのウィンタースポーツは雪不足による中止や延期が常に起こり得るイベントで、主催者は降雪機を手配しなければリスクヘッジがおぼつかない。記憶に新しい2019年に開催されたラグビーワールドカップでは、急速に発達した台風19号の影響で10月12日の横浜、豊田の2試合と13日の釜石の計3試合が中止になった。日程変更や代替地案などが検討されたのだが、安全と公平性を優先し、中止に至ったという。もちろんチケット代は返金され、テレビ放送も飛んでしまったのであった。楽しみにしていたラグビーファンは落胆し、大会の収入も減らざるを得ない。スタジアムの飲食手配にも影響が出るし、テレビの番組編成も混乱したであろう。

地球温暖化の影響は各地で災害級の異常気象をもたらしており、大きなイベントであればあるほど臨機応変の対応は容易ではない。開催前はともかく、開催中であっても非常事態に遭遇する可能性はますます高まると考えたほうが合理的である。

2002年6月、東アジアサッカー連盟（EAFF）はFIFAワールドカップ日韓大会の開幕を前にして創設された。当初、目玉イベントの東アジアサッカー選手権の第1回大会を2003年5月28日から6月3日に横浜国際総合競技場（日産スタジアム）で開催する予定を組んでいた。ところがＳＡＲＳ（新型肺炎）の蔓延を懸念した中田横浜市長（当時）の強い要請を受け、開催を中止せざるを得なくなったのである。その後、感染拡大の危惧がなくなったため改めて12月の開催にこぎつけたが、中止を決断した時点ではすでにチケットが売り出され、スポンサーの中にはキャンペーンを開始した企業もあった。

ＳＡＲＳ流行の起点となった中国においては、ＦＩＦＡ女子ワールドカップが２００３年の９月から10月にかけて開催される計画だったが、ＦＩＦＡは実施を断念するよう働きかけ、急遽アメリカでの代替開催を実現させた。中国は次回２００７年大会の開催権と金銭的補償を与えられたが、中国が被った経済的損失は1億元（約15億円）と伝えられている。

全世界で拡大し続けてきたスポンサーシップ市場は２０１９年に４６０億ドルを超えたが、コロナの影響は甚大で、２０２０年は37％減の２９０億ドルを下回るまで急激に縮小した。予算を減らした代表的な業種はエアライン（61％減）、続いて自動車（55％減）、金融（45％減）で、ＩＴ（18％減）や酒類（18％減）は影響が比較的少なかった。

コロナウイルスによるパンデミックは次第に収束に向かい、スポンサーシップ市場は近い将来回復基調に乗る可能性が高い。とは言え、専門家が警鐘を鳴らすように、新しいウイルスがいつまた襲い掛かってくるか予断は許さない。さらに地球温暖化による異常気象は世界各地で荒れ狂い、どのような被害を残すか予測も困難である。スポンサー、テレビ局など今後もスポーツにかかわっていこうとする企業が、スポーツ主催者再度に対しリスク対応の徹底を求めてくるのは必然である。

新型コロナの猛威に対し、残念ながらスポーツ界は18年前のＳＡＲＳを忘れ、その教訓を生かせなかった。オリンピックに限らず、私たちは東京２０２０オリンピック・パラリンピックの苦い経験を未来に生かすよう、十分な検証を行うことが求められるだろう。想定外は許されない。

特集　東京２０２０——オリンピックの挽歌

五輪報道のうちそと

脇田泰子　椙山女学園大学教授

ＡＲＩＧＡＴＯ

異例づくしの東京２０２０オリンピック・パラリンピック。閉会式の最後で、国立競技場のＬＥＤビジョンに映し出されたこの言葉《ARIGATO》は、新型コロナウイルス感染症拡大による史上初の１年延期、さらには一部を除いて無観客としてなお、開催を成し得たことに対する世界中への感謝の気持ちを端的に表している。

　この謝意を表する一言は、あらゆる選手がインタビューの度に必ずと言っていいほど口にしていたものでもある。コロナのまん延により種々の大会が軒並み中止となり、練習もままならない状況が続き、スポーツの意味、五輪に参加することの意義を自らに改めて何度も強く問い直し、苦悩を重ね、それでも歯を食いしばって前進を模索してきたであろう様子が、この言葉を聞く度に思い浮かぶ。

　必死に、懸命に、競技と向き合ったライバル同士が、試合後は一転して駆け寄り、互いを称え合うシーンに、五輪本来のあるべき姿を見出した人も多いといえる。加えて、映像には出てこないものの、この難しい大会の運営に現場で日々携わり、選手を地道に支え続けたボランティア等のスタッフ。東京五輪は間違いなく、このような人たちの揺

写真提供：フォート・キシモト

るぎない意志と善意とによって救われた、しかし、それと同時に異様な大会として、人々の記憶に長く刻み込まれるものとなるであろう。

「ぼったくり男爵」と「変異株の祭典」

一方で、五輪の意義を語るために延々と美辞麗句を並べるのはお得意であっても、その価値を守るために、「開催しない」という選択肢だけは断固として取ろうとしなかった主催者ＩＯＣ（国際オリンピック委員会）が今大会を通して世界中にさらけ出してしまったのは、スポーツマンシップとは似ても似つかぬ醜さではなかったか。

2021年5月、スポーツ・コラムニストのサリー・ジェンキンス記者が、アメリカのワシントン・ポスト紙のコラムを通じて、トーマス・バッハＩＯＣ会長（67）に放った「ぼったくり男爵」のニックネームが、そのことを的確に物語る。記事は、日本の世論調査で7割以上が東京五輪の中止・再延期を求めていると報じ、「（コロナの）世界的大流行《パンデミック》の中で国際的な大規模イベントを主催することは不合理な決定」だとして、開催国を食い物にする悪癖があるＩＯＣに対して、日本は五輪中止で「損切り」すべきだと提言したのである。アメリカではその直前の4月にも、ニューヨーク・タイムズ紙がコロナ禍下での五輪開催は最悪のタイミングであり、「一大感染イベント」になる可能性あり、と述べ、サンフランシスコ・クロニクル紙も5月3日付で、前年の延期決定の目的はコロナの拡大防止とワクチン普及だったが、「パンデミックは終わっていないし、そこに近づいてもいない」、残された11週間では「時間が足りない」として、東京五輪は開催されるべきではないと言い切った。さらに、東京の次の開催地パリ発で、フランスの主要紙ル・モンドも4月23日付の論評で、日本国内の様々な開催反対の動きを伝え、開催延期を決めた1年前よりも状況は深刻だとして、世界中から関係者が集まる五輪は「変異株の祭典」となり、「感染を加速させる危険性がある」と早々に断じてみせた。この指摘通りの結果を招来したことは言うまでもない。

五輪スポンサーとしてのジャーナリズム

このような〝海外〟ニュースを淡々と報じこそすれ、肝心の開催国日本の新聞ジャーナリズムが、海外の論調にはほど遠く、自国での五輪開催の是非を論じず、だんまりを決め込んでいたのは何故か。その理由は、２０１６年以降に朝日新聞社、読売新聞東京本社、日本経済新聞社、毎日新聞社の主要全国４紙が東京五輪組織委員会と「東京２０２０スポンサーシップ契約」を締結し、五輪の「オフィシャルパートナー」になったことと無縁ではないとされる（もう1ランク下の「オフィシャルサポーター」には産経新聞社と北海道新聞社、出版社のＫＡＤＯＫＡＷＡも入っている）。しかも今回、五輪スポンサーは「1業種1社」という原則を堂々とやぶる横並びの事態となった。一説には、支払われた協賛金は1社50億～60億円ともされる。

当然のこととして、放送局も人気の高いスポーツ・イベントを独占中継するため、巨額の放送権料を主催者に支払って、スポーツ番組を視聴者に提供する。民放では、自社の経営資源の一部となる広告コマーシャルにより、スポンサーの顔色をうかがうような形で報じざるを得ないことも容易に想像できる。したがって、本来果たすべき「報道」と「経営」の両立は、テレビの大きな課題となる。特に放送におけるスポーツ・ジャーナリズムにとっては、試合やレースの決定的シーンを生中継することも、徹底的に事実にこだわった客観報道を目指すことも、同じくらいに重要だからだ。しかし、今回の新聞の五輪スポンサー化は、自ら選んで大会を支える側に回ったわけで、その分、五輪の都合の悪い部分を伝え難くなるのは、火を見るよりも明らかなことだ。

それでも、五輪開催への言及に関して、スポンサーとしての大手紙間の〝負の均衡〟を最初に破ったのは、5月14日付朝日の「メディア私評」だった。この中で、慶應義塾大学山腰修三教授は五輪開催の是非は社説で立場を示すべきで、それをしないのは「ジャーナリズムの不作為」だと指摘した。「社説から朝日の立場が明確に見えてこない」、「自らの言論で現状を打開する意志を放棄した『既成事実への屈伏』にほかならない」「『不作為』を続ける主流メディアは、大会開催の担い手と同じ『向こう側』の陣営と見なされてもおかしくない。メディア不信が高まる要因にすらなりうる」とまで鋭く踏み込むにとどまらず、最後には「他紙やほかのメディアと協働のうえに成り立つ社説の形態も考えられる。五輪の是非についても、もし1社で主張することが難しければ、共同宣言という手段もある」と、これまでとは違う手法による可能性についても示してみせたのである。

ジャーナリズムとは、市民社会で日々起きている様々な事象や事実を確認して正確に伝えるニュース報道と、事実の積み重ねに基づき、物事の意味や見方を意見として主張する論評活動の二つから成る。日本の場合、前者に傾きがちなのは、ジャーナリズムがその国の社会の民度を表すとよく言われるように、社会が求めるものを伝えるのがメディアの役割、と考えるのが主流であることに起因している。それでも、さらにもう一つ、メディアに求められるべき大きな役割は、良質で多彩な情報を集めて分析し、課題に応じて今後の道しるべとなる意見や指針を示していくことだ。今ある社会がより良い方向へ、皆がより生きやすい環境へと変わっていくためには、何がどのように求められているのか。そこには、書き手独自の視点からものごとの価値を評価し、その正当性を読み手が納得できるように主張する文章が必要となる。日本の新聞の場合、このように明らかな態度表明の内容を含めば含むほど、それは自社の記者ではなく、前述の「メディア私評」のように外部の研究者や専門家、知識人による寄稿もので間に合わせたことにしたいとする意向が見え隠れする。しかしながら、社内でこれを不掲載にしなかった鷹揚さが免罪符になると思っているとしたら、それこそが、山腰教授の指摘するジャーナリズムの不作為だと言える。他社に出遅れず、地元開催五輪成功の一翼をしっかり担うため、逆に肝心要の報道の公平性を保つ際に禁じ手となる大会スポンサーに名乗りを上げるのは、購読者激減で体力の衰えが隠せない企業経営の生き残り戦略の一環だという説明もあろう。しかし、それでは、同じ企業であっても言論機関という高い公共性が求められる業種としての矜持はどのように発揮され得るのか。結果論的には、開催批判封じという政権が望むお先棒を率先して担いだ本末転倒の茶番との疑念は晴れず、五輪閉幕後もジャーナリズムとしては一つの汚点となるのは必至とも言えよう。

五輪のオフィシャルパートナー紙の社説でも、開催にひた走る菅政権に対する批判が展開されていなかったわけではない。それでも、それ以外の新聞の社説で最初に「五輪中止」を明確に打ち出したのは、5月23日付信濃毎日新聞の「政府は中止を決断せよ」だ。信濃毎日といえば、戦前に軍部の言いなりに決してならず、権力に立ち向かい続けた抵抗の新聞人、桐生悠々の最後の拠点でもある。「言わねばならないことを言うのは、愉快ではなくて、苦痛である」「経営は編集に介入せず」これらの言葉の意味を時代の状況とともに今、改めて吟味しても無駄には決してなるまい。二日後には「理解得られぬなら中止を」（西日本）、「強行すれば首相退陣だ」（沖縄タイムス）と、地方紙から中止を迫る論調の社説が陸続と続いたのも決して偶然ではなかろう。

ついに翌5月26日付で朝日の社説が「夏の東京五輪　中止の決断を首相に求める」と言い切り、一石を投じたのは周知の通りだ。それでも、五輪スポンサーが権力監視の役割に目覚め、重い腰を上げたと歓迎しようにも、朝日が五輪スポンサーであること自体を記事は一切触れていない点に大きな失望を禁じ得ない。実際に、これが逆に反発や不信を生む方向に働いた。ここまで条件を付けずに中止と言えるのならば、いっそ高校野球もやめたら…との冷ややかなリアクションに加え、翌27日付産経新聞は1面コラム「産経抄」で、前日の朝日の社説についてこう噛みついた。「世論の動向に敏感になっている代表選手の心情を思うと胸が痛む」「今この時点で中止に同調するつもりはない。『五輪は政権を維持し、選挙に臨むための道具になりつつある』。朝日の言い様は、五輪に関わる全ての人たちへの冒瀆《ぼうとく》ではないか」。読売も同日の社説「開催へ感染防止策を徹底せよ」で、「政府は海外観客の受け入れを断念しており、開催へ向けた環境は整いつつあると言えるだろう」「蓄積された（感染対策の＝筆者注）知見を、大会での対策徹底に生かしてもらいたい」と開催にエールを表し、朝日とのスタンスの違いをアピールした。それでも、朝日の五輪中止社説は、海外ニュースになった。「今夏の大会に協賛するオフィシャルパートナーの朝日新聞は26日の社説で、東京五輪・パラリンピックの開催中止を決断するよう菅義偉首相に呼びかけた」（ロイター通信）。

IOC vs. スポーツ紙の場外バトル

同時期、主要新聞以外のメディアでは正論展開とは別に、権威をおちょくってみせる風刺や揶揄のトーンが増え始めていた。5月21日、東京五輪の準備状況を監督するIOC調整委員会と大会組織委員会の合同会議が終わり、ジョン・コーツ調整委員長（71）が記者会見に応じた。たとえ緊急事態宣言が出ても大会は開催するし続行もすると強行発言を行った翌日の東京スポーツの見出しは「緊急事態宣言下でも開催〝はったり男爵〟コーツ発言に非難殺到！『本性を見た』」外国人プロレスラーのニックネーム付けの豊富な経験をいかし、ぼったくり男爵と並ぶ新しいヒール役キャラクターに早速ネーミングを献呈した。翌22日には週刊ポストが「五輪スポンサーに雁首揃える大新聞6社に『開催賛成か』直撃」という企画記事を出すなど、もはや大新聞よりもスポーツ紙や雑誌の方が本音で斬り込むアイデアで先手必勝の様相を呈していた。

IOCにしてみれば、この時期、東京開催は既定路線化し、関心はむしろその半年後の北京冬季五輪の行方にぐっと傾いていた。コロナが猛威を振るう半年間に極東アジアで相次いで行われる夏冬2大会は、彼らの頭の中では1セットのようなものだ。中国が新疆ウイグル自治区のウイグル族や香港の民主活動家らに対して人権侵害を行っているというニュースがどれだけ流れていようとも、バッハ会長は「中国との良好な協力を非常に重要視しており、中国とのワクチン協力を強化する用意ができている。中国と緊密に協力して、予定通り北京五輪・パラリンピックを開催する中国を全面的に支援していく。パンデミックの戦いにおける模範的な姿を見せ、冬季スポーツの発展を促進し、五輪運動の発展に重要な貢献をすることになる。」（東京スポーツ・5月8日）それどころか、7月、大会直前に来日したバッハ会長は、都内で東京五輪・パラリンピック組織委員会橋本聖子会長（56）らと面会した際には、「最も大事なのはチャイニーズピープル（の安全＝筆者注）」と口を滑らせ、すぐに「ジャパニーズピープル」と言い直す「#痛恨の言い間違い」（SNSトレンド入り）が生じた。今やIOCが誰を店一番の上得意と考えているかが図らずも知れた、というニュアンスで面白おかしく伝えるスポーツ紙もあった。この時、最も素晴らしかったのは縁の下の力持ちである会場の通訳で、バッハ氏の「中国国民」をまったく訳さなかったのは、外交上の機転ともいうべき見事な対応であった。

バッハ会長のもう一つの有名な放言は、5月22日のビデオ・メッセージで出た犠牲発言である。「東京五輪を実現するために、我々はいくつかの犠牲を払わなければならない。選手は夢を間違いなく叶えることができる。(The athletes definitely can make their Olympic dreams come true. We have to make some sacrifices to make this possible.)」我々とは誰か?日本国民か??とネットが炎上し、受けた24日、IOC広報が「日本国民ではなく、五輪関係者、五輪運動に向けた発言です(Everyone in the Olympic community has to make sacrifices.)」と鎮火に努めたが、時すでに遅し。これには、イギリスの主要ガーディアン紙も「東京五輪…IOCの『犠牲を払うべき』発言で日本に怒り」と題し、「ソーシャルメディアの利用者たちは、IOCのコーツ副会長とバッハ会長が今年の五輪開催を圧倒的に反対する日本国民の感情を無視していると非難した」として、IOCトップと日本国民とのもはや埋まりようのない溝について伝える。どの海外メディアも、IOCと東京五輪組織委員会が〝安心・安全〟な大会開催に向けて姿勢が楽観的すぎると批判のトーンを強めていった。

オリンピック標語《モットー》の変更という重み

コロナの感染状況に絶えず振り回され、直前になっても大会スポンサーの故か、五輪中止を依然として殆ど訴えることもしないままだった日本のメディアと、舌鋒鋭い指摘を止めない海外メディアとの姿勢の違いをこれまで見てきた。ここからは、東京五輪以降変更されたオリンピック・モットー(標語)とそれをめぐるメディア報道を踏まえ、そもそも「標語」を必要としてきた近代オリンピックを日本と海外がそれぞれどのように受け止めてきているかについて、歴史的観点も交えた立ち位置から比較のうえ、考察していく。

オリンピックの標語はもともとラテン語で、「より速く、より高く、より強く(Citius Altius Fortius)」という。これは1894年、IOCが設立された際に近代オリンピックの父、ピエール・ド・クーベルタン男爵が提案したものだが、彼のオリジナルではなく、元は、二十歳以上年上の尊敬する友人でパリ近郊のリセの校長、アンリ・ディドン神父がその3年前に作ったスポーツ大会に参加した学生に贈った言葉だ。これをクーベルタンがＩＯＣのために譲り受けたのだが、正式にオリンピック標語として採択されて大会に登場したのは、彼が二代目ＩＯＣ会長を退く直前の１９２４年パリ・オリンピックの時だ。したがって、その１００年後の２０２４年にパリが、第2回１９００年大会から数えて三度目のオリンピックを迎える時には、標語も正式な形で会場にお目見えするようになって百歳を迎えることになる。

これだけの伝統ある標語について変更を加えることが、東京オリンピック開幕3日前に東京で開かれた第１３８次ＩＯＣ総会で正式に認められた。これは、近代五輪の歴史や五輪運動を引き合いに出すまでもなく、一つの大きなニュースではある。従来の「より速く、より高く、より強く」の直後にハイフンを付け「ともに（-Communiter)」とラテン語で加えることになったという。英語では、Faster, Higher, Stronger-Together となる。日本では、これを報じるメディアと、そうでないところとがあったが、近代五輪創設の頃から百年近く守られてきたこの標語がなぜ、今、変わることになったのか。それを知るには、バッハ会長が今（21）年3月のＩＯＣ総会で行われた会長選挙で、対立候補がないまま再選された話にまでさかのぼる必要がある。

日本の新聞で、この3月の再選と標語の変更について合わせて触れている内容が確認できたのは、読売、産経と毎日だ。その一方で、欧州のメディアはほぼ各社とも、この3月のバッハ再選の時点で標語の変更についても書き込んでいた。あるいは、少なくとも変更が正式に認められた7月のＩＯＣ総会の際には、米国メディアも含め、変更内容の要点が抑えられていた。その一方で、開催地の日本では、変更に言及せず、まだ気づいていないのではないかと思われる記事も見受けられた。

しかし、このような内外の報道の差異は、良し悪しというよりも、近代五輪を歴史の中にどのように位置付け、そのうえで、今を生きる同時代人としてどのように受け止めるか、という社会全体の認識の持ち方に違いがあるから生じるものなのではないか。たとえば、東京オリンピックの閉会式で東京から次回開催都市パリへの引き継ぎ式の直後、テレビの画面が昼間のパリからの生中継映像に切り換わると、エッフェル塔の最上階で若者に囲まれたマクロン大統領が、この新しい標語である「より速く、より高く、より強く、ともに（Plus Vite, Plus Haut, Plus Fort-

Ensemble）」をフランス語でゆっくりと語り掛けていた。このシーンを伝える日本の新聞の中には、「より速く、より高く、より強く」と書かれたものもある。また、同一新聞社の記事であっても、標語に関する言及の際に書き手によって「ともに」を加えている内容と、そうでないものとが混在している事例もあった。だからといって、これが、「ともに」と書いた、書かない、といった次元の論争にとどまらないことは明らかだ。誕生当時から、わかりやすい標語を人から譲り受けてまで作り出して標榜し、その理念を隅々にまで浸透させようとし、戦争による中断こそあったものの、一世紀以上実施されてきたこの五輪というものの正体が、単なる運動会のイベントや、ましてや政治家の食い物などではないとするならば、いったい何なのかと今なお問い続ける社会全体の共通認識と、五輪に対する為政者レベルでの敬意がどこまであり得るのかどうかが、そこに関わっているものと考えられる。五輪運動を通じて、我々はよりよい社会作りへの貢献をどこまで明確に果たせているのかどうか。胸に手を置いて考えることを潔しとするか、しないかの価値観が、過度の違和感なく根付いているのかどうか。その視点を、社会として持てているのかどうか。ジャーナリズムがその国の社会の民度を表すものだとして、さらに、その社会に向け、課題に応じた今後の指針を主張として示していくことが大きな役割であることを今一度、思い起こすと、五輪に対して日本のメディアが果たすべき責務は、まだまだ少なくはないはずだと考えられるのではないか。

7月の時点で欧米の主要紙に、このオリンピック標語の追加・変更について漏れのある記事は見つからなかった。逆に、ラテン語研究のローマ大学教授が、7月に決まった新しい追加標語のラテン語（Communiter）について、これは何か物を共有する状態を指すのであり、「ともに」のニュアンスはないため、意味として通じていない、と指摘した。このことを受け、イタリア・メディアはこぞって熱い議論を展開中と伝えるものまであった。記事は、「東京2020後の夏の宿題としてIOCはこの部分の再考を要することとなった。しかし、これは単に人間の間違いというよりは、今ごろになって標語を変えたIOCの不徳の致すところである。」と締めくくっている。なぜ不徳、なのか。3月に標語の変更・追加構想をバッハ会長が初めてぶち上げた際に披露したラテン語（Communis）についても、「文法的におかしい」と専門家から横やりが入り、その後修正されて出てきたものが7月のCommuniter だったからである。つまり今回、これに再びクレームが付いたわけで、ＩＯＣには、古典語としてのラテン語に長けた人が見当たらないのでは、という疑いが深まりもした。

スポーツ専門チャンネル・ユーロスポーツは、今回の変更により、ほぼ一世紀にわたり、生き続けてきた標語に初めて変化が加わる事実が、オリンピック憲章（第1章オリンピック・ムーブメント・10オリンピック・モットー）の書き換え作業を伴うことから、これは近代五輪史上明らかに大きな節目、分断ともなる出来事だ、とする分析を7月20日付で掲げている。そこまで大きな意味のある変更ならば、なおのこと、単に一語追加とはいえ、伝統ある標語にメスを入れてまで変えようと、バッハ会長はなぜ、敢えてこの時期に決めたのか。

近代五輪史の節目と新たな理念

その答えは、彼が3月に再選された際、ＩＯＣ委員に対して行った受諾演説の中にある。「コロナ禍を経た後の世界でもこれから皆さんと一緒に大きな目標を達成していきたい。今回、このコロナ禍に見舞われて身をもって学んだことは、スポーツでも、人生でも、『より速く、より高く、より強く』というオリンピックの標語を叶えていくには、皆が〝ともに〟努力し、〝ともに〟協力し合わなければならないということだ。そのために、今日は皆さんに問いたい。この標語の後ろにハイフンと『ともに』の一言を加えて『より速く、より高く、より強く―ともに』とするべきではないかと。」さらに、「こうすることで、私たちの核心となる価値観である連帯、そしてこの新しい世界の課題に対する正しい適応にも、しっかりコミットしていけるようになるだろう。」

つまり、コロナ禍という未曽有の危機に際して、困難な時を「ともに」乗り越えるのに必要な連帯感をどうしても共有したいがために、これまでの標語に「ともに」の一言を付け加える発想に至ったというのである。日本では、「コロナ禍に打ち克った証」、「安心・安全な五輪」という呪文のような言葉ばかりが空しく繰り返され、誰一人その具体的な内容も理解できぬまま、発言した本人だけが、閉幕も待たずに退陣の意向を示さざるを得なくなった。バッハ流に解釈するならば、「コロナ禍であっても、人はともに連帯していける」。これが、この先に向かって歩み続けるために示される一つの理念であり、ビジョンとなるということなのである。

東京オリンピックの開会式の際に非難されたほどの長尺ではなかったが、バッハ会長は、閉会式でもその約半分の7分程の演説を行った。「我々はより速くいくほかありません、より高く目指すほかありません、より強くなるほかありません。連帯して、ともに立つならば。これが、ＩＯＣが、オリンピックの標語を私たちの時代に適応させた理由です。より速く、より高く、より強く、ともに。この一体感は、すなわち、パンデミックの暗いトンネルの終わりにある光です。」

写真提供：フォート・キシモト

オリンピックの標語が正式に採択されて百年近く経ち、それが追加・変更されて以来初めて実現した東京２０２０だからこそ読み取れるメッセージがここにはある。いや、日本の総理の記者会見ではないにせよ、パンデミックの終わりの光は依然として見出し得ない状況下ではある。それでも、アスリートの素晴らしいパフォーマンスと心意気に励まされ、長かった東京２０２０オリンピック・パラリンピックをＡＲＩＧＡＴＯとともに漸く見送ることができるようになった。このような今だからこそ、1世紀以上の近代五輪史の観点も交え、人類の危機をともに乗り越えることの意味を把握し直してみせるような伝え方が、日本のスポーツ・ジャーナリズムにもまだ少しはあってもよいのではと考える。

おわりに

バッハ会長の目論見とは別に、日本の問題として、コロナ禍の中で敢えてこの東京五輪・パラリンピックをほぼ無観客にしてまで開催したことの意味、終わってみればこれがいったい誰の、何のための大会だったのかをまさに真剣に問い直すべき時が来ている。3兆円とも言われる関連経費の問題も含め、あらゆる面から五輪を検証し、日本の社会に「多様性と調和」を根付かせ、レガシーとして自覚的に何を受け取れるようにしていくのか。この点の総括が明確に進まなければ、この先、札幌も含め、何の理念も覚悟もない、さらなる五輪誘致に明け暮れる無責任な惰性を性懲りなく続けるのは望ましくないとの批判から免れることはない。さらに、言論機関として、ダメなものはダメとストレートに言えるメディアが並び立つような社会作りが必至と考える。これは、ジャーナリズムに携わるすべての人がこの五輪を機に改めて背負うことになった大きな課題である。責任の所在を明らかにし、社会の理念と方向性を明確に示して、地元開催の東京2020オリンピック・パラリンピックの総括を果たすことは、より健全なジャーナリズムの環境を整え直していくための第一歩となる。ジャーナリズムにとっての「東京五輪」は、まだ終わっていない。

写真提供：フォートート・キシモト

特集 東京2020——オリンピックの挽歌

オリンピックとジェンダー

山田ゆかり　スポーツライター

ジェンダーとはなにか

オリンピックとジェンダーを考える前に、いったいジェンダーとはなんのことか確認したいと思う。

ウィキペディアによれば、

「1．言語学における文法上の性のこと。

2．生物一般における生物学的性のこと。雄雌の別。

3．医学・心理学・性科学の分野における「性の自己意識・自己認知」のこと。性同一性。

4．社会科学の分野において、生物学的性に対する「社会的・文化的に形成された性」のこと。男性性・女性性、男らしさ・女らしさ。

5．社会学者イヴァン・イリイチの用語で、男女が相互に補完的分業をする本来的な人間関係のあり方。イリイチはその喪失を批判している。

6．電子工学・電気工学の分野におけるコネクターの嵌め合い形状（オスとメス）の区別のこと。プラグとジャック、雄ねじと雌ねじなど。」

とある。

ジェンダーには、広範囲の意味があることがわかるだろう。まずはそれを大前提にオリンピック前のひと騒動を考えてみたい。

開催のカウントダウンがまさに始まるという時、東京オリンピック・パラリンピック競技大会組織委員会（以後、組織委員会）トップが女性蔑視と思える発言で座を降りた。そのとき盛んにメディアを賑わせたのは、「ジェンダー」という言葉だった。

そもそもジェンダーの社会化は米国が発端だ。１９６０年代、米国で認識されたジェンダー意識は、米国最高裁判事ルイス・ベーダ・キングバーグ（ＲＢＫ）により確立された。彼女の大学教員時代、論稿にあまりに多くの性（ＳＥＸ）という単語が出てきたのを、秘書が「せめて、ＧＥＮＤＥＲにしたらいかがですか」と意見する場面が、彼女の伝記映画にある。それほど最近の話なのだ。日本では１９９０年代にやっと研究分野の立ち上げがあったと聞いている。

日本ではまだまだマイナーなジェンダー研究ではあるが、日本のスポーツ界のみならず、政治にも大いに影響力を及ぼす人物の失言は、「ジェンダー」を一躍流行語にした。その道の専門家たちは新聞・雑誌・映像で総出演し、批判した。そして、失言は、ジェンダー＝女性差別・女性蔑視、という意味合いでしか語られないチープな話題に姿を変えていった。果たして、この失言の奥に潜む、根深いものを見落としていることにいち早く気付くのはだれだろう。コメンテーターのだれがテレビで発言するのか、研究者のだれが持論として論文を発表するのか、いまだ待ち続けている。

ドンの失言から、トップの首のすげ替えが行われた。交代者はセクシュアルハラスメントの認識が全くないドン子飼いの人物だった。かの人は公のあるパーティで若手の男性に酔いの勢いでキスをした。大問題に発展し、当事者は憔悴しきった。がしかし、キス受けの男性は「不快じゃなかった」と言った。された側が不快じゃなければ、した側のハラスメント行為ではない、とすれば、その問題は終わったことになるのか。した側は、腹では本当に「悪いことをしてしまった」と悔いたのかどうか。「ちょっとしたこと」だったのではないか。ハラスメントとは思わない、という意識は、すぐに変えられるものではない。ドンの失言に対しても、真っ向からＮＯと言ったかどうか。

日本でのオリンピック開催を引っ張るトップが交代しても、根っこは変わらない。女性だからいいというものではない。女性だから、男性だから、ではない。「適任」ということであれば、いかにジェンダーとはなにか、をより理解しているかどうかではないだろうか。百歩譲れば、交代者は、ジェンダーといえば、女性差別・女性蔑視はＮＧ、ということだけは唯一わかっていたのかもしれないが…。

男性の優位性を尊ぶスポーツ界

そんなドタバタ劇でスタートしたオリンピック・東京大会だったが、始まれば、メディアはこぞってお祭り騒ぎ、「メダル何個」の自国満足の表示が始まり、だから日本はすごい、感動の一瞬、の連続だった。恐ろしいことに、あの失言を、「ジェンダー感覚ゼロ」と散々こき下ろしたメディア自体が、ジェンダーとはなにか、に無知だったことだ。

ニュース性が高い部分より、より読者の興味を引く雑感では、「美人〜」「イケメン〜」という表現が目についた。パフォーマンスより容姿重視は、ジェンダー感覚欠落の最たるものだ。家庭を持つ女性アスリートの苦労談、逆にパートナーに支えられた男性アスリートの話など、いかにメディアが男性目線なのか証明したようなものだった。失言を叩いた側にもかかわらす、自分たちは、ジェンダー意識に背いている行為だということがわかっていたのだろうか。

とにかく、ジェンダーとは、女性への差別・女性蔑視の別名ではないことはいっておきたい。もっといえば、女性・男性と分けることにも注視する必要がある。そういうことであれば、ＬＧＢＴＱはオリンピックとどう関わればよいのか、その矛盾がわかってくるだろう。

ニュージーランド代表の重量上げ選手はトランスジェンダーだった。男性から女性への転換は身体的優位性を指摘し、「競技が公平でなくなる」という声が出た。だったら、女性から男性は公平性がある、ということなのかどうか。いままで、公平かどうかをスポーツ界で問うのは、常に男性優位という視点からだった。

女性選手が驚異的な記録を出すと、これは陸上競技の場合がほとんどだが、実際は男性ではないか、と疑われる。身体つきが筋肉隆々だと男性と疑われる。身長が１８０センチ以上あれば男性と疑われる。基準が男性であるがゆえだ。男性ホルモンのテストステロン値が高くなる性分化疾患（ＤＳＤ）の女性アスリートはテストステロンの血中濃度が男性と同範囲にあり、それが競技に有利に働くとみられる。しかし、それは故意ではなく疾病であることを信じなくてはいけない。

２００９年、南アフリカの中距離選手キャスター・セメンヤにはじまり、２０１４年にはインドの短距離選手デュテイ・チャンドが標的にされた。いずれも、有色人種の女性であり、性自認の精査をも受けた。そのとき二人とも18歳だった。民族の悪習であるＦＧＭ（女子の割礼）にもかかわる選手がいることも確かだ。中には性腺摘出手術を強制された選手もいる。その手術によるホルモン不足で、骨粗鬆症やうつ病など健康被害にもあっている。

もっといえば、２０００年オリンピック・シドニー大会まで、セックスチェックが実在したということも、オリンピック報道に浮かれている人々は知っておくべきだと思う。女性選手たちは全裸で行進させられたり、性器の確認が複数人の前で行われたり、女性アスリートたちの人間としての尊厳は著しく損なわれてきた。そんなことを国際オリンピック委員会（ＩＯＣ）は正当化してきたことを考えると、基盤にある女性排除の残酷かつ理不尽な手法がうかがわれる。クーベルタンが女性排除にこだわった精神は脈々と受け継がれていることは確かだ。

オリンピック憲章に潜む権力構造

しかし、女性排除の姿勢はＩＯＣだけの意思ではないと思う。なぜなら、オリンピックを動かしているのは多くの組織が関わっているからだ。その確認をすべきではないだろうか。

日本の報道では、ＩＯＣと、組織委員会、日本オリンピック委員会（ＪＯＣ）の３つしか表出しないが、実際は、国内オリンピック委員会連合（２０４か国）、夏季オリンピック国際団体連合（28か国）、国際オリンピック冬季スポーツ団体連合（15か国）、国際オリンピック承認国際スポーツ団体連合（33か国）などが組織され、オリンピック憲章制定から数十年の間に後続的な枠組みの中で変化し続けているのだ。

つまり、ＩＯＣ、ナショナル・ガバニング・ボディズ（ＮＧＢ）、オリンピック地域組織委員会（ＬＯＣＯＧ）、国内オリンピック委員会（ＮＯＣ）、国際競技連盟（ＩＦ）が絡み合い、依存しあってオリンピックが実現していることを知るべきだと思う。非常に複雑かつ巨大な構造の上に成り立っているのだ。

経済的利害関係からいえば、１９９３〜１９９６年オリンピック市場の収入は26億米ドル、２００９〜２０２０年は80億米ドルを超えたという財務報告がある。これから試算しても、オリンピックをただコロナ禍というだけの理由で中止するわけにはいかないだろう。開催国が被るデメリットより、世界レベルのメリットをとるというのは、彼らにとって当然のことだ。メディアにしても組織委員会にしても、こういった視点で説明をすれば、ある程度、日本の世論を説得できたかもしれない。

この権力構造が、いわば女性排除のエネルギー源に重なると考えれば、オリンピックが全うな考えに則り、ジェンダーエクイティになるのは、夢物語に等しいと思わざるを得ない。確認のため、オリンピック憲章第1章の「２ ＩＯＣの使命と役割」の6、8を見てみよう。

6 オリンピックムーブメントに影響を及ぼす、いかなる形態の差別にも反対し、行動する。

8 男女平等の原則を実践するため、あらゆるレベルと組織において、スポーツにおける女性の地位向上を奨励し支援する。

詳細をいえば、「ＩＯＣの使命と役割」の7項目はオリンピックムーブメントが「男女平等の原則を実行するためあらゆるレベルと組織においてスポーツにおける女性の地位向上を奨励し支援する」ことを約束している。

ＩＯＣは２００９年国連公式オブザーバーになり、国連からも認められる必要がある立場になっていることから、ジェンダーエクイティのモデルとして見られることが非常に重要なのだ。そして、１９９５年女性分科会が設立されたが正式な委員会になったのは２００４年だった。さらに、ＩＯＣの女性平等を求める措置は、18か国でスポーツにおける女性をテーマにしたセミナーを開催、4年ごとに世界女性スポーツ会議を開催、２０２１年時点で7回開催、各大陸につき1人の受賞者と総合的な受賞者1人の計6人にトロフィーを授与する女性スポーツ賞を実施（２０１０有森裕子さん、２０１７日本女性テニス連盟）が授与された。

ＩＯＣの言い分は、セミナーで可視化し、ＮＯＣが女性の平等に向け、さらに努力するよう啓発するものだ、とのことだが、能力が高まった女性にそのスキルを活用できる機会を与えているわけではないし、セミナーに参加したことがキャリアにどのように影響したかというデータはない。

オリンピックガバナンスにおける女性の比率に向けた人

員割合の最低達成目標は、1996年に設定されたのはいいが、2001年までに10％、2005年までに20％、2014年までに25％、2018年までに30％に引き上げる、としている。今やその比率が40％になっているのは周知の事実だ。

では、現実として、憲章は遵守されているのかどうか。

2012年オリンピック・ロンドン大会の際、サウジアラビア代表の女性選手が国際柔道連盟の競技役員からヒジャブ（スカーフ）の着用は認められないと伝えられた。ヒジャブは代表チームから義務付けられたものだったので当事者は大変困った。ドイツの女子体操選手たちは、性的扱いに抗議し、全身を被う「ユニタード」を今回のオリンピックで着用したニュースはホットだった。彼女たちは、「何を着るかは自分で選ぶべき」というきっぱりした態度を示した。さらにいえば、ナエビアのクリスティン・エムボマとベアトリス・マシリンギは今回の東京大会で陸上200m決勝に進出したことで、DSD診断を過去に受けたことが物議を醸しだした。

憲章は遵守されるはずであるが、実際は遅々として進まない。

オリンピックとジェンダーを突き詰めていけば、スポー

写真提供：フォート・キシモト

ツにおける人権意識の壁にぶつかる。人権意識というのは、どんな小さなことでも、当事者の心身が傷つき、「幸せではない」と感じることであれば、それは人権侵害ではないか。スポーツ現場で人権侵害があるとしたら、オリンピックに関わる場面、それは世界中どこででも、人権侵害が起こっているとしたら、憲章は机上で終わる。

スポーツ界はフェアなのか

「今回のオリンピックには出られないんです」

αから、そんな知らせがきたのは、7月24日開会式の1か月ほど前だった。今シーズンの日本選手権で優勝しても、競技団体の規定で代表には選ばれない。2年前に選ばれた選手がそのまま出場する。パフォーマンスは命ある人間のなせる業だ。2年前の実績と当年の実績を比べ、過ぎ去った方をとる、というのは信じがたい。競技団体の決まり事であるにせよ、αをオリンピック代表として認めたくない理由が競技団体側にはある、と言えばいいえなくはない。

αはコーチからセクシュアルハラスメントの被害を受け裁判に持ち込んだ。結果は和解で終わったが納得したものではない。当初、裁判所側は原告に大いに耳を傾けていた。が、裁判が終盤になるにつれ、「証拠不十分」という声がだんだん大きくなっていった。裁判で謝罪と反省の言葉を繰り返す被告に、下された裁定は「両成敗」だ。しかも原告には条件がついた。「今後一切今回のことは口外無用」、つまり緘口令がひかれたわけだ。一方、被告は、というと、日本代表コーチのひとりとして競技団体は認め、正々堂々と表に顔を出していた。

代表に選ばれなかったαは、それでも、競技団体から請われたデモンストレーターを引き受け、オリンピックを終えた。「日本選手権で優勝した、日本一になった、という実績があれば、今後いろいろな活動をしていく上でプラスになる。これでよかったと思う」という言葉で選手としての立場を締めくくった。数年にわたる裁判のさなかも、勝負に対するモチベーションを保ちながらトレーニングを続けていたα。傍で見ていて感じたのは、いったいスポーツ界はフェアなのかどうか、だ。

スポーツとは何か、という大命題に向かい、理屈はいくらでも並べることができるだろう。

オリンピックが、そのオリンピック憲章により崇高なものだということはわかる。ただその陰で理不尽な扱いを受けている選手たち、まさに主役となるべき人たちの人権侵害に等しい行いがある、という事実を私たちは見逃してはいけない。

オリンピックが世界一を決める場、というのはそもそもだれが決めたのだろうか。

さかんにいわれる近代オリンピックの経緯、現在に至るまでに諸々の出来事は、おおざっぱにいえば、まさに階級社会の鬩ぎあいではなかったか。差別との闘いではないか。歴史では、権力と社会、人民の間に不和が生じると、あるいは亀裂が広がると、必ずと言っていいほど、「革命」や「戦争」が起きてきた。しかし、オリンピックでは「変化」「改変」はあっても、アグレッシブな動きは阻まれ、ましてや革命や戦争は起きていない。何か動きがあると、どこかで必ず誰かが何かがそれを止めさせる力が働く。

特に「差別」においては、人種、性で甚だしい。

そういえば、今回のオリンピックでは「五輪貴族」という言葉がもてはやさされた。ＩＯＣのバッハ会長に対する日本側の対応が、「国賓並み」といわれた。コロナ防止の隔離はないし、銀ブラしたし、オリンピックだけでなく、パラリンピックにも見に来るし、（ちなみにリオ五輪のときはパラには来なかった。自らがかかわる証人喚問を避けるためといわれた）、で「特別扱い」というレッテルを張られた。

それも仕方ない。事実バッハは特別なのだから。パスポートは外交官用、東京都内をブルーのプレートをつけて走る車に乗れる。日本が、スポーツの民間普及システムでお手本にするドイツの人でもある。アラブの富豪とつながり、プーチンのお友だち、というもっぱらの噂を信じれば、「国賓並み」は当然だ。さらにいえば、弁護士として、過去にはいくつもの大勝負に出た、ともなれば、日本国内の風聞など全く意に介しないに決まっている。組織委員会だって、政府だって、国賓扱いは当然だ。そして、ＩＯＣ会長及び委員のすべてが、世界レベルの上流階級人が占めていることを思えば、「差別」など、「ノープロブレム」だ。オリンピックにまつわる課題・問題は解決するわけがないのだ。

人権意識と人権侵害は両刃の剣

さて、αの話に戻る。αの一件は、日本スポーツ協会（以後、ＪＳＰＯ）は把握していた。なぜかというと、αは、そのおぞましいコーチからの性的被害を公に訴えたいと、真っ先に相談した窓口が、当時の日本体育協会だったからだ。αによれば、たらい回しにされ、たどり着いたのは法テラスだった。

法テラスでは、セクシュアルハラスメントに詳しい弁護士が担当ではなく、αの知らないうちに、どんどん「敗訴」の方向へ進んでいった。担当弁護士がさかんにいったのは、「オリンピックに出るようなあなたが、セクシュアルハラスメントという不名誉な訴えを起こしているのがわかったら、あなたにはマイナスですよ。メディアにも悪い意味で騒がれますよ。今回のことは忘れて手を打った方がいいんじゃないですか」。

αは思った。「間違ったことを糾す裁判がどうして不利なのか、オリンピックに出るために、泣き寝入りしなくてはいけないのか」。まさに裁決が出そうな、ぎりぎりのところで、決断し、弁護士を変えた。そこからまたやり直しだったが、裁判としては十分成り立った。しかし、やはり結果は、敗訴とイコールくらい落胆の「和解」だった。

紐を手繰ってみると、弁護士を変え、もう一度裁判をやり直す段階で、証拠を探した際、頼ったのは、大学時代のゼミ担当教員だった。心理的な側面から、αの様子がおかしい、というのも証拠のひとつになるので、そのときのことを思い出して証言してほしかった。頼んだが協力はしてもらえなかった。藁をも掴む思いでもう一つの証拠を求めた。「あれは絶対セクシュアルハラスメントだ」と確信を持った授業があった。その授業の担当教員からは、証拠となる資料とコメントを入手できた。拒否した教員も、協力した教員も、ふたりともスポーツ研究では、実績を残している人たちだった。

研究者たちすら、スポーツ現場で起こっている現実を知らない、見ようとしない。さらにいえば、協力しなかった教員は、まさに日本のスポーツ界の、いろいろな課題を官の立場で取り決めていく立場にあった。自身の身近に起こった、スポーツ界が抱える課題には、見向きもせず、官の立場を重んじた態度に、αは失望した。

スポーツ現場に起きている小さな出来事も、積もり積もれば大きな堰だ。スポーツの進化を阻む何物でもない。

オリンピック開催決定を契機に、ＪＳＰＯは日本のスポーツ界の人権意識の啓蒙啓発に乗り出した。それもオリンピックのレガシーだからだ。とくにハラスメント行為に関しては、映像を使ったキャンペーンを始めた。ただ、いえるのは、啓蒙啓発キャンペーンもさることながら、同時に、相談を受けるだけでなく、被害者が満足するような対応ができる場を作ることを最優先すべきではないか、と思うのだ。もっといえば、被害者が再びアスリートとして、また社会人として再起できるような確固たるサポート体制を早急に整備すべきだと思う。

繰り返すが、αが最初に相談した窓口は、JSPOだった。だが、加害者が、認定コーチではなかったことから、この件において調査はせず、競技団体もコーチへの罰則は検討しなかった。認定コーチであればJSPOが責任を持つというものだが、弱い立場の選手はどうしたらよいのか。認定コーチじゃなければやりたい放題やってもいいのか。のほほんと現場でコーチを続けていられるのか。このあたりの認定資格、というのも考えものではないだろうか。

コーチたちはJSPOの講習を受け、資格を取らないと選手の指導はできない、という規定も、プライベートコーチは除外される。その認定のされ方も、講習を受け筆記試験を受けるにとどまる。その人の性癖判定やスポーツに対する考え方、指導理念の論述まではしない。より大切なのは、人としてまっとうかどうか、人権意識の有無ではないか。なので、JSPOのいう認定コーチは、すなわち、全てがグッドコーチではあるまい。被害者がいるにもかかわらず、解決策は非常に甘いというよりほかない。

こんな日本がオリンピックを迎えたのだから、混乱するのも無理はない。

オリンピックを含め、スポーツ界が直面する大きな課題は、ジェンダーだけではないはずだ。人種、イデオロギー、宗教、能力など、まさに社会問題が複雑に交錯する。今後、女性は男性と全く同じように自らが望むスポーツに参加できるようになるのだろうか。

「世間が何と言おうと、それによって女性の価値が変わることはない。私たちがすべきことは、ひとりひとりが内なる声に耳を傾け自らに価値を求めること。その上でその価値を人類の一員として生まれながらにして持っている権利である誇りと喜びをもって世界に知らせるのだ」。ミシェル・オバマのこの言葉は、スポーツ界におけるジェンダー意識を言い当てていると思う。

数え切れないほどの女性アスリートたちが体験した成果の、裏側にある犠牲と屈辱を決して無駄にすることなく、次世代へつなげていくことが、これからのスポーツ界だけでなく社会の命題ではないだろうか。大きなテーマではあるが、それぞれが足元の身近なところから気づき、たとえ小さくとも「改革を試みる」のが前進の第一歩だと思う。

特集　東京2020——オリンピックの挽歌

レガシー作りという名の聖地の破壊

大島裕史　スポーツジャーナリスト

W杯開催都市でない東京で五輪の違和感

9月5日に東京パラリンピックが閉幕した。しかしこれは、東京五輪・パラリンピックにとっての一つの区切りに過ぎず、関連する様々な問題は今後も尾を引いていくだろう。

そもそも今回の東京五輪は、都民が招致を熱望し、幅広い活動の結果決まったものではなく、2016年の大会招致を行うことについて、東京都知事であった石原慎太郎の鶴の一声で決まったものだ。けれども私は、この決定に違和感を禁じ得なかった。

東京五輪開催の話が出始めたころ、日本は韓国との共同で開催される2002年のサッカー・W杯に向けて盛り上がっていた。日韓それぞれ10の都市で試合が行われたが、韓国は首都ソウルのスタジアムがメインスタジアムであったけれども、東京は開催都市になっていなかった。W杯が首都で開催されないのは異例のことであり、海外からは、なぜ東京で開催しないのか、不思議に思う声も少なからずあった。

それでも当時としては、東京一極集中の時代ではないかという話も、それなりに説得力があった。にもかかわらず、一極集中を生み出す典型的なイベントである五輪を招致するというのは、理解に苦しむものであった。

２０１６年の五輪はリオデジャネイロに敗れ実現できなかったが、20年の大会に再挑戦するにあたり、16年の時は臨海部エリアに建設する予定であったメインスタジアムが、国立競技場を建て替える話にすり替わった。

これは石原慎太郎と森喜朗の密約で決まったと言われる。私はその真偽を含め、詳細は知らないが、話が表に出た時は案ではなく、決まったことになっており、すぐにデザインコンペが行われた。そこで決まったのが、後に問題となり、やり直しになるザハ・ハディドの案だった。

私は建設の技術的なことは分からない。しかし、神宮第二球場や都営霞ヶ丘アパートも含め、神宮外苑全体を飲み込むような規模の大きさに唖然とした。しかも、それだけ大きなスタジアムを建設しても、五輪を開催するには、決定的に足りないものがあった。

まずサブトラックである。サブトラックは陸上競技の調整用としてだけでなく、開閉会式の時の選手団の集合場所としても、絶対に必要である。１９６４年の東京五輪の時は、絵画館前に集合して、選手団は公道を歩いて、国立競技場の中に入った。牧歌的だった当時と違い、今はセキュリティーの関係もあり、選手と一般の人を分けなければならない。結局、絵画館前の軟式野球用のグラウンドに仮設のサブトラックが作られた。しかしここは草野球の聖地であり、愛好者からの嘆きの声も多かった。

それに駐車場の問題である。五輪に限らず、アジア競技大会であれ、ユニバーシアードであれ、総合スポーツ大会では、選手団や関係者を乗せた車両を止める広大なスペースが不可欠である。実際、五輪やパラリンピックの開閉会式の時は、神宮外苑周辺の広大なスペースで交通規制を実施しなければならなかった。

こうした問題があるため、巨大スタジアムは通常、郊外の再開発地域などに建設するのが一般的であり、神宮外苑のような東京の中心部近くに建てるのは、そもそも無理であった。

１９８０年代から90年代にかけて、都内で巨大スタジアムの建設が可能な場所が2か所あった。一つは２０１６年の大会では、メインスタジアムの建設候補地にしていた臨海部のエリアである。そしてもう一つが現在、味の素スタジアムが建っている調布飛行場の周辺である。

当時の段階で、五輪招致を考えるのは難しかった。88年の五輪招致で名古屋はソウルに敗れ、98年の長野冬季五輪があり、その後は、北京に敗れたが、大阪が２００８年の五輪招致に乗り出していた。それでも、当時は２００２年のサッカー・W杯招致の話があった。結局韓国との共同開催となったが、開催するのは、最初から確実視されていた。多くの日本人がW杯のすごさを実感するのは、日本が初出場を果たした98年のフランス大会からだろう。それでも東京都には、W杯の熱気を知っている人が少なからずいたはずだ。

臨海部の開発の起爆剤として、東京都知事であった鈴木俊一は、世界都市博覧会を計画した。都市博はその後就任した青島幸男知事によって中止が決まった。臨海部の開発と言うのであれば、巨大スタジアムを中心とした街づくりをし、W杯などのイベントを開催するという発想はなかったのか。

また味の素スタジアムの場所は、１９６４年の東京五輪とも関係が深い。この地域は、元は関東村と呼ばれる住宅を中心とした米軍施設であった。代々木にあった選手村などは、元はワシントンハイツと呼ばれた米軍住宅であったことは知られている。この時、ワシントンハイツの住民が移り住んだのが関東村であった。また64年の東京五輪のマラソンの折り返し地点も、味の素スタジアムのすぐ横である。

隣にはセカンドフィールドがあり、駐車できるようなスペースも十分ある。それに中央自動車道の調布インターからも近く、交通アクセスもいい。

もし２００２年のW杯の開催都市になり、陸上競技との兼用競技場でも、W杯の開催に向けてスタジアムが作られていたら、その後の展開も違っていただろう。せめて、何十年先になるか分からなくても、五輪を開催することも意識し、その際には増築が可能になるような設計になっていたらと思う。

為政者が変われば方針が変わるのは、民主主義では仕方ない。とは言っても、長期的なビジョンがないまま、東京五輪が降って湧いた。その結果、多くの人の人生も狂わせることになった。

成熟国家とは思えない都営アパートの撤去

今回の東京五輪が開催されている時、神宮外苑に行くと、国立競技場の周辺の広い範囲に高い壁が作られ、仕切られていた。これだけ高い壁で囲んでいると、我々が排除されているというより、オリの中に閉じ込められて五輪が開催されているという感覚になる。

それでも競技場の周辺は、五輪開催中の競技場を撮影しようと、結構「密」になっていた。競技場周辺で一番人が集まっていたのが、日本オリンピックミュージアムの外側にある、五輪のシンボルマークであった。五輪のシンボルマークと国立競技場が一緒に写った写真は、東京五輪迷走のニュースとともに世界に配信され、かなり有名になっている。ただこの五輪マークのある場所が、5年ほど前まではどんな所であったか、覚えている人は意外と少ないかもしれない。

五輪マークの辺りは、旧国立競技場の横にあった明治公園から、神宮球場に向かう曲がり角で、公園があった。ホームレスの人もいたが、春になると桜が咲き、花見の人で賑わっていた。

その隣に、都営霞ヶ丘アパートがあった。老朽化したアパートで、住人のほとんどは、64年の東京五輪の頃から暮らす高齢者である。

先日、「東京オリンピック2017　都営霞ヶ丘アパート」という映画を観た。

2012年、東京都から住人に、「このほど、国は、ラグビーワールドカップの開催に向けて、国立競技場を広げて建替えを行うことを決定しました。その計画地に、皆様がお住いの霞ヶ丘アパートが含まれており、移転していただけかなければならないこととなりました…」という通知が来た。住人のほとんどは立ち退きに反対である。そもそも高齢者の引っ越しは容易ではない。

新国立競技場の建設は、東京五輪もセットになっている。その後、ザハ案は取り消しになり、計画が縮小されたことで、アパートの住人たちは立ち退きの撤回を求めたが、それに対する東京都の返答は、新国立競技場のデザイン見直しと、アパートの移転とは直接関係ないというものだった。

16年の1月末までに住人たちはアパートを立ち退かなければならない。高齢者に真冬の引っ越しはあまりに酷であった。今回の東京五輪で忘れてはならない側面を映し出した作品であった。

それにしても成熟した社会では、立ち退きを求めるような場合、住人としっかり話し合い、合意を得ることは、最低限するべきことだ。64年の東京五輪の時は、国の政策となれば、ある程度の無理は通ったかもしれないが、社会が成熟してくると、そうはいかないはずだ。けれども、権力者たちの発想は、社会状況の変化について行っていないことは、近年嫌と言うほどみせつけられている。

21年6月の党首討論で菅義偉首相は、五輪開催の意義について、64年の大会の思い出を長々と話したことにはあきれた。64年の東京五輪は日本の経済成長の起爆剤になり、青山・原宿地域を様変わりさせた。原宿駅前の一等地にある高級マンションの名前が、コープオリンピアであることも、それを表している。

東京での成功体験は、88年のソウル五輪、08年の北京五輪に受け継がれた。今回の東京五輪は、アジア初の2回目の夏季五輪の開催である。経済成長一辺倒の時代から、安定成長、成熟社会になった時代の五輪はどうあるべきか。アジアで最初に経済成長を果たし、最初に安定成長期に入った日本がそれを示してこそ、開催の意義があったはずだ。けれども為政者の考えは、64年の大会に留まっていたようだ。しかも今回の東京五輪は、64年の東京五輪だけでなく、日本スポーツのレガシー（遺産）をも破壊するものだった。

レガシーに敬意がない人が唱えるレガシー

64年の東京五輪の時、私はまだ3歳で、リアルタイムで見た記憶はない。けれども、映像は何度も見ており、いくつかのシーンは頭に焼き付いている。

旧国立競技場に初めて入ったのは、東京五輪から十数年後のことだった。入って、まず目に入ったのが、大きく高くそびえるバックスタンドだ。その頂点にあるのが、黒く存在感抜群の聖火台だ。それを見た時、極度の緊張感の中、長く急な階段を一気に駆け上がった最終聖火ランナーである坂井義則の強靭な体力と精神力に感心したのを覚えている。

そして、あのゲートから日本選手団が入ってきた、このトラックで、円谷幸吉とイギリスのヒートリーのデッドヒートが繰り広げられたと、平面の画像が、私の頭の中で立体的な姿となって蘇ってきた。

今は映像でほとんどのことが保存される時代である。それでも、実際にその場所に行って、その場所の大きさや雰囲気を感じることで、また違った見方ができることがある。

維持費がかかるので、何でも保存することはできない。それでも1964年の東京五輪の開会式は、日本の現代史において欠くことのできない出来事であり、その舞台も、本来保存すべきものであるはずだ。もちろん、多くの人が入るスタジアムであるだけに、耐震補強や、補修工事は必要に応じて行うべきだが……。

今回の東京五輪に向けては、「レガシー」という言葉が盛んに使われた。けれども、今ある日本のスポーツのレガシーに敬意を持たない人が唱えるレガシーとは何なのか、という思いがあった。そして、その思いを強くしたのは、神宮球場と秩父宮ラグビー場の配置転換の話が表面化した時だ。

神宮第二球場のあった場所に新ラグビー場を建設し、秩父宮ラグビー場の場所に新神宮球場を建設、神宮球場の場所に複合施設を建設するといったものだ。新神宮球場には、ホテルや商業施設なども入る計画もあるという。

東京の中心部近くにありながら、落ち着いた雰囲気のあった神宮外苑周辺は、近年様変わりしている。神宮球場と通りを挟んで向かい側には、国立競技場建て替えに伴って移転した地上16階建ての日本青年館が建つ。神宮球場での午前中の試合で、右翼手が日本青年館の建物と打球が重なると見えづらいという話をよく聞く。その隣には、原宿の岸記念体育館から移転してきた日本スポーツの総本山である、地上14階建てのジャパン・スポーツ・オリンピック・スクエアのビルが建つ。

神宮外苑地区は日本初の風致地区であり、建物の高さ制限などもあって、長く落ち着いた雰囲気が保たれてきた。ところが、新国立競技場のザハ案が採用されると、15メートルであった高さ制限は、80メートルに引き上げられた。ザハ案は取り消しになっても、高さ制限の緩和は残り、高層ビルの建設が進む。こうなると、本当の狙いは神宮外苑の再開発であり、あの高価で壮大なザハ案は、そのための呼び水に過ぎなかったのではないかと疑いたくなる。

それに、神宮球場と秩父宮ラグビー場の移転建て替えも、その歴史的価値を考えれば、あってはならないことだ。

神宮球場は古い球場だけに、使い勝手が悪いのも確かだ。選手・関係者と一般の観客の動線が分かれていないことなどは、今どきの球場ではあり得ない。場内が狭く、売店はあってもレストランはない。ネット裏スタンドの下にある記者席も、手狭で、空調もあまり良くない…など、問題は確かに多い。

けれどもこの球場は、1926年に日本の中央球場として建てられた、日本の野球史において、甲子園球場とともに重要な球場である。南西方向に本塁があり、北東方向にセンターがある。そのため野手はフライが上がると、太陽が目に入って捕りづらい。これは、ネット裏の貴賓席から絵画館が見えるように設計されたためだ。1980年に電光式のスコアボードが設置され、絵画館は見えなくなったが、それ以前は横長のスコアボードだった。

1924年に開場した甲子園球場は、本塁が北西、センターが南東側にあり、野手としては守りやすい球場だ。日本の歴史のある球場は、甲子園か神宮をモデルにしている。神宮をモデルにした球場は、今も野手にとっては守りづらい状況になっている。こうした日本各地の球場が、どうしてこういう作りになっているかを知るうえでも、甲子園球場と神宮球場は特別な存在である。

またアーチ状の柱が並ぶ神宮球場の外観は、日本が初めて参加した1912年のストックホルム五輪のスタジアムなど、ヨーロッパの様式を想起しており、黎明期の日本の近代スポーツのスタジアム観を表していると思う。それを考えても神宮球場は歴史的な価値があり、そう簡単に壊していいものではない。

秩父宮ラグビー場にしても、戦後、女子学習院の跡地に建設するにあたり、資金不足のため、ラガーマンたちが「勤労奉仕」をして作った競技場だ。再開発の都合で移転していいのだろうか。

神宮外苑は風致地区であると同時に、日本の近代スポーツの揺籃の地である。そこには、負の歴史もある。しかしそれも含めて歴史である。

神宮外苑は、終戦後に進駐軍に接収され、その姿を変え、1964年の東京五輪でも神宮球場にナイター照明が設置されるなど、変化があった。ただ当時はまだ、神宮外苑の雰囲気は守らなければならないという意識が根強くあった。今回の再開発は、そうした歴史に対する敬意がなさすぎると思う。

オリンピアンだけがアスリートなのか？

2013年12月1日、旧国立競技場での最後のラグビー・早明戦が行われた。その後も高校サッカー、大学ラグビーの日本選手権などで、「最後の国立」が続いた。そして14年5月31日、ブルーインパルスの展示飛行や、サッカーの元日本代表による試合など、サヨナライベントが行われ、旧国立競技場は、競技場としての歴史に幕を閉じた。

その後7月から解体作業が始まることになっていたが、工事が始まる様子はない。業者選定の入札で不調・保留が続き、解体業者が決まらなかったからだ。

けれども、1回目の入札の締め切りはサヨナライベントが行われた5月。誰が解体するかも決まっていない状況で、長年愛されてきた国立競技場に別れを告げたわけだ。これでは、あまりにイベント先行である。

解体作業が本格化したのは、年が明けてからだ。それならもう1年、ラグビーの早明戦や高校サッカーの選手や大学ラグビーの準決勝、決勝は行えたはずである。高校サッカーの準決勝、ーマンにとって、国立競技場は憧れの舞台である。彼らにとって、国立の空白を1年でも短くするのが、本来の「アスリートファースト」ではないのだろうか。

15年に入ると解体作業が本格的に始まり、5月にはほぼ解体され、秋には更地になった。そしてほぼ解体された頃に、ザハ案の見直し論議が本格化して、7月にザハ案は白紙になり、再度デザインをやり直すことになった。

その間、国立競技場の跡地は、更地になって放置された。旧国立競技場は、サッカーやラグビーだけでなく、ジュニアの陸上競技など、幅広い層に使われ、愛されてきた。こうした競技場は、サヨナライベントをやるよりも、別途保存する聖火台や、場内の会議室の机や椅子などを運び出しても、フィールドと一定数の観客席が残っていれば使用し続け、使い切るというのが、最後の姿として相応しかったのではないか。

今回の東京五輪では、「アスリートファースト」という言葉が盛んに使われた。しかし、そう唱える人たちがいうアスリートは、オリンピアンだけだと思っていないか。その思いを強くする出来事が、15年の春にあった。

大会組織委員会は、五輪・パラリンピックが開催される予定であった20年5月から11月まで神宮球場の借用を打診してきたのだ。VIP用の対応スペースとして、プレハブ小屋を建てるということだった。

これには五輪開催に協力的だった球界も猛反発した。昼は大学野球、夜はヤクルトのホーム球場として使われ、高校野球や少年野球の大会も行われる神宮球場は、使用頻度は世界的にみても異例の多さだ。

結局組織委員会は、「野球の聖地への配慮が十分でなかった」と謝罪し、プレハブ小屋建設案は撤回された。しかしこうしたことは、普通に考えれば分かることだ。

多くの人が今回の五輪に対し、五輪は特別という上から目線を感じたはずだし、最後の最後まで変わることがなかった。そのことが、コロナという特別な状況と重なり、五輪への反発につながったのではないか。

コロナによって五輪が延期になり、1年数カ月の空白が生じた時、五輪のためにコロナの感染者を抑えるのでなく、コロナ対策のために五輪施設を活用できないか、という考えはなかったのか。羽田空港から車で30分もかからない所にある選手村は、海外からの帰国者の一時滞在先や、感染者の療養施設として、絶好の場所であった。権利関係など様々な問題があるのだろうが、五輪の前までの期間限定でも、五輪の方から、外の世界に歩み寄れば、人々の意識も違ったであろう。

大会中、スタッフ用の弁当などが13万食も破棄されたという。無観客になりスタッフの数が減っても、注文の数量が多いだけに弁当などのキャンセルできないというのであれば、保健所などを通して、コロナに感染して自宅療養の人に配ることはできないかとか、生活困窮者に配る術はないかとか考えなかったのだろうか。サージカルマスクなどの破棄は言うに及ばずである。五輪だけどうも、「別の地平」にあったような気がする。

この1年半ほどの間、世の中の状況は大きく変わった。それでも、神宮外苑の再開発は予定通り進められるようだ。再開発事業が終わるまで、あと10数年かかるという。落ち着いた雰囲気が良かった神宮外苑は、旧国立競技場の解体に始まり、約20年、工事用の車両が行きかう街になる。それだけでも、神宮外苑のイメージは損なわれる。

それに新神宮球場にホテルが併設されるという計画もいかがなものか。いま東京のホテル業界は、期待していた五輪需要が空振りに終わり、苦しんでいる。そこに参入する意味はあるのか。ホテルの収益で球場利用料が下がるのであれば、アマチュア球界には朗報かもしれないが、逆になる可能性が高い。

経済的側面だけをみても、再開発事業を一旦止めて、コロナ以後の人流や、社会情勢を見極めるべきだろう。旧国立競技場がそうであったように、いかに貴重なものでも、一度壊せば元には戻らない。

新しい国立競技場も、作った以上は多くの人に利用され、愛される存在であってほしい。けれども無観客で行われた今回、人々、特に子供や若い世代にどれだけ場所の記憶は刻み込まれたのだろうか。

競技そのものには熱中しても、五輪への反発はこれまでになく高まった。日本人と五輪との蜜月は、64年の東京五輪に始まり、21年の東京五輪で終わるのではないか。(文中敬称略)

特集　東京2020――オリンピックの挽歌

アスリートファーストという虚言とアスリートの現実

満薗文博　スポーツジャーナリスト

喉（のど）もと過ぎたら熱さ忘れる――。

喉（のど）もと過ぎても熱さ忘れず――。

ＴＯＫＹＯ２０２０オリンピックは、４年に一度の鉄則を違えて、２０２１年７月23日に開幕、８月８日に閉幕した。ＴＯＫＹＯ２０２０パラリンピックは、こちらもルーティンを破って２０２１年８月24日に開幕、９月５日に閉幕した。私はまさに、パラリンピックの最終日、閉会式の模様をテレビで見ながら、本稿を書いている。

パラリンピックの開会式は、障害を抱える中学生「片翼の少女」が登場して、新たな希望の火を灯すヒロインとなった。目を閉じると、あの夜の映像がはっきりよみがえる。布袋寅泰さんのギターも心に訴える、力強い響きで心を振るわせた。一言で言えば「よかった」――。これから始まる障害者スポーツの「お祭り」を予感させるに十分だった。果たして、それをきっかけに、パラアスリートたちの躍動と、希望を連日見ることになった。

翻って、オリンピック。パラアスリートには、はなはだ失礼だが、この夏のメーンを張るだろうと多くの人たちが考えていたであろう五輪アスリートたちの躍動、活動はあっという間に、過去に押し流されたような錯覚に陥ってしまった。いくつかのスポーツシーン、感動の場面は、もちろん残像としてまぶたの裏に残っている。だが、しかしこの夏、その感動の大きさ、回数は、パラリンピックに届かなかったのではないかと認識する。過去、夏、冬のオリンピック現場取材、新聞紙面制作に携わった数十年の経験から、ここまで「盛り上がらなかった」大会を味わう日々が来るとは、思いもしなかった老記者である。

もちろん、どのような大会でも、一つ一つを検証し、細部にわたって分け入れば、必ず感動はあぶり出せるし、もう一度かみしめることは出来る。私は、TOKYO2020オリンピックを全否定するとは言っていない。少なくとも、開催か否かで最後まで心身を痛めつけながら、それでも全身全霊で競技に向き合ったアスリートたちの頑張りには、本当に頭が下がる。彼らは、与えられた環境の中で、最大限の努力を尽くし、奮闘した。

まったくの場違いをお許し頂きたい。恥ずかしながら、不肖私も、はるか昔、大学時代まで三流のアスリート（陸上競技・跳躍）だった。地方国立大学の陸上部員だったが、それでも、競技場には、いくばくかの仲間、友人が訪れ、声援を送ってくれた。若かった私は「豚もおだてりゃ木に登る」類いであったが、もらった勇気はありがたかったし、賞状を囲んで仲間と飲む酒は楽しかった。こんな、ささやかな私ごとで、私は何を言いたかったのか―。

スポーツは、一人では出来ない、成立しないと言うことである。草の根スポーツから、世界トップまで、アスリートたちは、自分以外の人たちによって支えられているということである。駄馬でも、駿馬でも、それは変わらない。大きな支持を集めるエリート・アスリートも、ささやかでしかない支持を得るアスリートでも、モチベーション、頑張りの原動力として、奮闘を支えてくれるのだ。いくら、自己が確立し、他人の応援など必要ないと思える選手でも、支える人たちの存在は大きいのだ。ライバルに向かうとき、目に見え、耳に響く声援、存在は心強い。それがたとえ、過去に面識がなかったとしても、心を揺さぶってくれるものである。

ここで、再び言う。私は「何を言いたいのか？」―。答えは「アスリートファースト」である。アスリートの可能性、戦意を引き出すのに必要なものは、最終的には選手個々の「内なる」心身の能力だが、さらなる可能性に挑むとき、選手の身体と精神を鼓舞するのに、僕は「外なる」力の存在が大いにモノを言うと考えている。孤軍奮闘を、後ろから支える応援部隊の存在は大きいと思うのだ。それも、試合場に近い場所から送られる「力」は、アスリートの心身を鼓舞するのに、大きな存在だと考えている。一方で、声援を送った側にも、選手の奮闘が「お礼」「感謝」の返礼になる。例え、優勝をメダル、入賞、決勝進出を逸したとしても、頑張った証として、選手、支えた側の心に、一瞬の記憶として永遠に刻まれるものである。

＊　＊　＊　＊

しかし、燃えさかったコロナに人間たちの思いは届かなかった。「競技場で応援する人たち」という、重要な要素を阻害し、アスリート、支える側、双方の思いを打ち砕いた。オリンピックを頂点に、各競技の世界選手権、子どもたちの草野球に至るまで「やる人」と「見る・応援する人」との間に壁を造り、スポーツの「色」を悪しく、どす黒いものに変えた。この夏のＴＯＫＹＯは、その最たる影響を受け、間違いなく歴史に残る悲しいオリンピックになった。

悲しい話がある。

東京オリンピックの女子マラソンは8月7日、札幌で行われた。その数日前に、私に一本の電話が入った。古巣の新聞社を中心に、スポーツジャーナリストとして活動する私に、まだ若い女性記者が切り出した。少し前まで東京でスポーツ紙記者として活動し、現在は中部圏の本社で社会系の記者としてペンを持つ。今回は主に、パラリンピックの担当としても活躍した。その彼女が私に切り出した。

「私、北海道に行こうと思うのですが、どうでしょうか」。まだ入社歴は浅く、簡単に自らの意思で「現場」を選べる立場ではない。それを承知で、私に意見を求めて来たのだった。

彼女は、やみくもに私に問いかけたのではない。しっかりとした意思のもとで、私の考えを聴きたかったのだ。マラソン日本代表の一人、鈴木亜由子は名古屋大学を出た才媛である。そして、私に問いかけて来たのは、同じ名古屋大学で陸上部の後輩である。新聞社に進み、はじめアマスポーツの取材を担当した。鈴木はまず、先の16年リオ五輪にトラックの長距離種目で出場を果たした。次はメダルを目指そうと、マラソンに進出したスピードランナーである。初マラソンとなった２０１８年8月の北海道マラソンで、いきなり優勝を飾った。このとき、かつて私のいた新聞社から取材に赴いていたのが、まだ若いこの女性記者だった。結論から言おう。いい原稿だった。いわゆるレースを書く原稿に加えて、彼女は「先輩と私」風のコラムを添えて紙面を飾った。

鈴木は愛知県の出身だが、所属する日本郵政グループの本拠地は東京である。そこから、合宿練習に出ることが多い。だから、愛知県の実家にいることは少ない。しかし、若い記者は時々、愛知の鈴木の実家に足を運んでいた。両親や祖母を相手に、取材をしながら親交を深めてきた。娘の大学時代、それも同じ陸上部の後輩を、鈴木の実家が温かく迎えないワケがない。話が長くなったがそんないきさつから、この記者は、どうしても、オリンピックのマラソンで、日の丸を付けて走る「先輩」を書きたかったのだ。

写真提供：フォート・キシモト

ただ、コロナ禍の大会で、いずれの社もそうだが、取材記者証の数は限られている。彼女は、取材証がないなら「外野席」からでもいい、と切望した。

結論から言おう。この若い記者は、北海道行きを断念した。大きな理由がある。切に、先輩の活躍を現場近くで祈り、目に焼き付けたいと懇願し、既に新聞社の一OBとなった私にまで思いを伝えた彼女が、クルリと態度を変えた。翌日掛かってきた電話で、そのワケが分かった。彼女は言った。

「コロナ禍で、迷惑を掛けてはいけないからと、亜由子さんの両親も札幌に行かないそうです。家族が行かないのに、正式な取材証を持たない私が行くというのは違うと思います」

だから、鈴木亜由子は、父も母も、こよなく愛してくれる双方の祖母たちがいない札幌で、42キロ余りを走った。19位となって、入賞を逃した。因みに、一山麻緒が8位入賞、前田穂南は33位だった。

遠回りになったが――。ここにアスリートファーストは存在したのか。アスリートファーストは、何も選手本人が大部分の要素をはらむものではない、と先に述べた。支える人たちの存在が、主人公である選手をバックアップするのに大きな力になるということを述べた。選手は「孤高」「孤独」に見えがちだが、決してそうではない。支えてくれるモノの存在は、闘う人たちに勇気を与え、力にもなってくれるということだ。勝負の世界に「たら」「れば」は禁句とされるが、それでも言いたい。勝負に挑む選手も人間、人の子である。苦しい局面に、父がいたら、母がいたら、おばあちゃんたちがいたら、後輩がいたら…と言うのは愚問だろうか。僕は決して、そうは思わない。もし、そういう存在が沿道にいたら、亜由子がメダルを取れたなどというつもりはない。ただ、彼女の走りに、いくばくかの勇気が吹き込まれただろう、とは言いたい。

繰り返すが、アスリートファーストを声高に叫ぶなら、愛する家族が見守る中で、選手たちにレース、競技をさせたかった。「アスリートファースト」という言葉がそれほど大事なら、それはどのような事を意味しているのか、もっと深く研究してほしかった。競技をしやすい環境とは、どこまでを指すのか、を。

＊　＊　＊　＊　＊

私は、長い間、古代から近代オリンピックまでの研究なるものを、細々と続けてきた。恥ずかしながら著書も3冊ほどある。今回は、その中から一節を紹介したい。紀元前776年に始まった古代オリンピック時代の話である。紀元393年に終わりが決まるまで、1169年間、一度も中断されることなく4年周期を守って293回も開かれた大会を、まずは畏敬する。近代五輪が、1896年の第1回アテネ大会から、今年の第32回東京大会まで125年を経たことを思えば、気の遠くなるような時の流れである。もちろん、ギリシャを中心とする「小世界」で開かれていたとはいえ、それは驚異に値する。

フランスの貴族、クーベルタンが復活を目指して実現した近代オリンピックとは一線を画すものだが、今一度ひもとくことに意味が無いとは言えない。オリンピック期間中の戦争中断は最たる特徴と言えるが、わずか120年余りの歴史の中で、近代五輪は、2度の世界大戦のために中止に追い込まれている。

さて、ここで、今回のコロナ禍に似た風潮の中で挙行されたオリンピックをご存じの方も多いだろう。1920年夏、ベルギーで開かれたアントワープ大会がそれである。時代は、第一次世界大戦が黒い影を落としている頃である。この戦争を挟んで、世界はスペイン風邪に席巻され、死者は一節に依れば4000万人とされる。しかも、ベルギーはといえば、戦争の爪痕が残っていた。さらに、準備期間もなかった。わずか1年後の大会の開催地を打診された同国は、これを引き受けた。前回の1916年ベルリン大会は戦争のために中止に追い込まれていた中での出来事だった。

ベルギーが大会の開催を受諾した裏に、どういう意図があったのか、浅学非才な私には詳しく分からない。だが、戦争の爪痕が残り、スペイン風邪の猛威にさらされる中で、第7回オリンピック大会が挙行されたのは歴史上の事実である。因みに、現代でも象徴とされる、クーベルタンが創作した五輪旗が初めて掲げられたのは、この大会が初めてである。また、現代では何の不思議もなく行われている「選手宣誓」が行われたのも、この大会が最初だった。

ＴＯＫＹＯ２０２０の開催が、コロナ禍で危機に直面したとき、小池百合子東京都知事が、スペイン風邪に負けなかったベルギー大会を例に挙げ、挙行の論拠としたのは記憶に新しい。

またまた、ちなみにだが、このアントワープ大会は日本にとってエポックメーキングの地となったことも記しておきたい。日本人のメダル第1号が誕生した大会として永遠に記録、記憶されることになった。種目はテニスで、メダルの色は銀。ニューヨークの三菱合資会社に駐在していた熊谷一弥が、シングルスで米国選手に敗れながら銀メダルに輝いているのだ。熊谷は、同じくニューヨークの三井物産に駐在していた柏尾誠一郎と組んだダブルスでも銀メダルを獲得した。熊谷は慶応、柏尾は東京高等商業学校（一橋大学の前身）の出身で、ともにエリート商社マンだった。熊谷は、大会前年には全米ランク3位となっていた。

この大会は、急ごしらえではあったが、当時開発が進められていた、アンツーカー（レンガを砕いた赤土）のコートで行われている。戦争で疲弊していたベルギーだが、急ピッチでコートを整備したといわれている。

日本の、オリンピックにおける金メダル1号は、陸上・三段跳びの織田幹雄だが、この大会から8年後のアムステルダム大会のことだった。日本のメダル1号を問われて、織田幹雄と応える人は圧倒的に多い。だが、それは金メダルのことである。銀・銅までを含めると、それは間違いで、正解は熊谷、柏尾の銀メダルが正解である。

ただ、テニスは、アントワープの次、つまり１９２４年パリ大会を最後に実施競技から姿を消した。既に、デビスカップやウィンブルドン大会が全盛となっていて、五輪では不要論が背景にあったとされている。テニスが五輪に復帰したのは、それから64年後のソウル大会である。この間「五輪—テニス—熊谷、柏尾」は、しばらく休眠状態だったのではないか、と私は考えている。

さて、今回のＴＯＫＹＯ２０２０、開会式で聖火の最終点火者となったのは、奇しくも、そのテニスの大坂なおみだった。無人のスタンド、関係者しか肉眼で見られなかった、点火の瞬間を私はテレビで見た。１９２０年から１００年（実際は１０１年）の時を超えて「五輪—テニス—熊谷、柏尾—米国を主舞台—大坂なおみ」がつながった瞬間は、細々と五輪研究を続けてきた私にとって感慨ものであった。

ただ、なぜ大坂だったのか。彼女が選ばれたのは、単に日本国籍を選択し、差別への抗議を続ける勇気、うつ病と闘う姿が、大役にふさわしいとされたのだろうか。それはそれでいい。ただ、彼女を抜てきした側は、オリンピックとテニスの縁を掘り起こしたエピソードの紹介も、少しでいいから付け加えてほしかったと思う。しかし、差別撤廃のムーブメントが盛んな今、肌の色が少し違う、大阪生まれの女性アスリートが日本の大役を果たしたのは喜ばしい。

＊　＊　＊　＊　＊

写真提供：フォート・キシモト

話は転回するが、大坂なおみから派生して、女性とオリンピックの話。再び古代オリンピックに戻る。女性と当時のオリンピックに差別は厳然としていた。女性は競技に参加することはおろか、既婚女性は観戦も許されていなかった。ただ、一人だけ、豊穣の神デメテルに仕える女司祭だけは例外だったとされている。この禁を破った者には、近くの山の断崖から突き落とされるという厳しい掟があった。しかし、不思議なことに、実際に刑は執行されたのかは、記録が残っておらず定かではない。ただ、女性とオリンピックの間には、文字通り、高い山と深い谷が存在していたことは想像できる。

一つのエピソードがある。紀元前404年の大会、ボクシングの試合で「事件」は起きた。一人の女性が、男装して競技場に忍びこんだ。息子の試合を見るためだった。そして、見事に息子は勝利する。当然のことだが、ここで彼女は歓喜して存在がバレてしまう。掟破りである。しかし、彼女はきついおしかりを受けただけで、断崖突き落としの刑を免れた。この女性の父親、死別した夫が、ともに、かつてボクシングの王者だったことが、刑を免れた理由だったとされる。

女性とオリンピックには、古代から深い溝があったのは、どうも事実である。それは、初期の近代オリンピックにも、どうやら影を落としていたのではないか。どこまでが事実か、判然としないこともあるが、一つのエピソードを紹介したい。

近代オリンピックの1896年第1回大会は、ご承知のように、古代オリンピックが開かれていた、アテネで開かれた。だが、この記念すべき大会に女子選手は参加していない。女性が参加しなかった古代に倣ったという見方があるが、もう一つ、どこまで定かか判然としないが、近代五輪の創始者、クーベルタンが、女性のオリンピック参加に消極的だったという説がある。差別撤廃が大きなテーマとして掲げられる現代においてなら、オリンピック・ムーブメントに大きな影を落とすどころか、大問題ものである。

どうやら、当時のクーベルタンは、女性の社会進出に否定的な考えの持ち主だったのではないか、という説がある。オリンピックの復興には前向きで、進歩的な考えを持った人であったが、こと女性の社会進出にはいい顔をしなかった、という説である。当時の欧州上流社会においては、女性は家を守り、男性に従うという考えが主流を占めていた。勇者は男性であり、女性はそれを支える人という考え方である。クーベルタンの思考の中に、女性が男性同様に、身体を鍛え上げ、戦いに挑むという姿は簡単に想像できなかったのではないかという見方である。

しかし、次の1900年、第2回パリ大会から女性の大会参加が始まった。女性の社会進出の機運が高まり、クーベルタンも折れざるを得なかったというのが、一般的な見方である。記念すべき、この大会に出場したのはテニス（シングルスと混合ダブルス）とゴルフの2競技3種目だけである（ヨット、乗馬にも出場したという説があるが、定かではない）。英・米・仏・スイスから12人の女性が参加したというのが通説になっている。この大会の参加者は全体で1066人とされる。つまり、ほんの一握りの人数で始まった、女性のオリンピックのスタート台だったのである。当時の写真が残されているが、女子選手は、足首まで隠れるロングスカートを着用していた。

＊　＊　＊　＊

最後に。

人間たちが、肉眼では見えないほどの微細なコロナに翻弄され、やがて、それは、100年を超える巨大なスポーツのお祭りまでも飲み込んでしまった。想像すらも出来なかった災禍が、現実にオリンピックを襲ったとき、人間たちはどん底に突き落とされ、あがいた。

そんな渦中にあって、何食わぬ顔と口調で、TOKYO2020を強行し、とうとう最後まで敢行された大会を、賞賛すべきか、愚行だったと顧みるのか、今すぐに結論を出そうとするのは尚早である。世の中の「是か非」かを無視して開催に突っ走ったIOC会長の行い、同調するように「オリンピックありき」を貫いた日本政府、東京都のトップの行いを、今すぐに評価するのは難しい。

1年遅れでも、実施にこぎ着けた行いは一方では評価されるだろう。他方では、世界パンデミック下の「お祭り」は、そこまでして挙行されるべきものだったのか、というせめぎあいに、いますぐ「是」か「非」かの結論を下せというのは、はなはだ難問である。

ただ、これは言える。コロナの禍中で挙行、強行されたTOKYO2020（パラリンピックを含む）が、永遠に語り継がれ、その「是」と「非」は問われ続けるだろう。そしてそれは、語り継がれるべきものだと思う。

喉もと過ぎたら熱さ忘れる――

ではいけない。

喉もと過ぎても熱さ忘れず――

が正しい。私はそう思いながら、ペンを置く。

特集　東京2020――オリンピックの挽歌

開催の「なぜ」、最後まで分からず

杉山　茂
スポーツプロデューサー

「ひどい話だ」。何度こう思ったことか。そのたびに、ひどさを隠すように組織委員会、東京都、政府それぞれの周辺から1つの言葉が噴き出してくる。『アスリートファースト』…。

「4年にいちどの舞台を目指して自らを磨きあげてきたオリンピック、パラリンピックのアスリートたちの夢を壊してはならない。アスリートの挑む姿のために「東京」はあらゆる努力をつづけたい」。

本来はいい響きを持つが、共感を誘えぬ〝力説〟になってしまった。

新型コロナウイルス感染症（COVID-19）。事態を取り巻く深刻さを、ひたすら「スポーツ」、「アスリート」の名を借りて無謀に突破しようとする当事者たちの〝浅さ〟を露呈する以外の何ものでもない。

東京オリンピック・パラリンピック組織委員会（組織委）に「新型コロナ対策本部」が設置されたのは2020年2月4日とされる。

世界の状況は、多くの角度から刻々と伝えられ、展望はそれに連れて暗さをのぞかせはじめる。2月なかば、スポーツ団体の多くが入るビル（日本スポーツ・オリンピックスクエア。東京都新宿区）前でたまたま出会った日本オリンピック委員会（ＪＯＣ）の委員はこうつぶやいた。

「そのうち、国際オリンピック委員会（ＩＯＣ）が何か言うでしょう」。この建物全体のムードを現わす緊迫感に欠ける言い廻しであった。

たしかにそうなる。ＩＯＣトーマス・バッハ会長（ドイツ）は2月27日「東京オリンピックを予定どおり実施するためＩＯＣは全力で準備する意向だ」との意気ごみを表明、1週間後「総ての選手に東京に向けた準備をつづけるよう促す」とのＩＯＣ緊急声明が報じられる。

世界保健機構（ＷＨＯ）が「パンデミック～世界的大流行～」を表明したのは3月11日、翌日ギリシャ西部のオリンピアで東京オリンピックのための「オリンピックの火」の採火式が行われた。無観客だった。ギリシャ遺跡などを巡る国内のトーチリレーは中止となり、日本側も賑々しいセレモニーを総てとりやめ「火」は3月20日宮城県東松島市の航空自衛隊松島基地に静かに着いた。歓迎の式典も控え目となる。6日後には福島Ｊヴィレッジから日本国内リレーの旅が始まる予定だ。

このあたりまでは随所に「東北」が濃く浮きでていた。「震災からの復興」は大会の大きなスローガンであった。

東北の人たちには、震災時に世界中から寄せられた激励、支援への感謝をこの大会にこめたいと願う気持ちが強くあったと聞いた。

3月24日夜、安倍晋三首相（当時）とバッハ会長は電話で協議、近代オリンピック史上異例、いや異常というべき「1年延期」で合意したことが発表される。

月内には重大な決断が下されるのでは、との見方は、す

「オリンピックの火」は人目を避けて燃えた。
写真提供：フォート・キシモト

でに流れていた。

延期？　最善の選択は中止以外にないと私は思っていた。

採火式前後のギリシャの動きをはじめ日々内外から伝えられるCOVID-19の状況は、中止を除いてほかに打つ手が考えられるのだろうか。その時はまだ私もアスリートの研磨する姿が浮かんだ。慰めと励ましの声をかけたいアスリートの若い友人もいた。

1年待ってなぜ開くのか。こだわるのか、しがみつくのか。分からぬままに日が経つ。明確、明快な姿勢はと問えば「アスリートファースト」が繰り返される。

危ういことだ。アスリートたちはいずれ気づいてこう語るだろう。「世界の人々が歓び合う場で挑んでこそオリンピック、パラリンピックなのです」。

気になる記事が目に止まった。讀賣新聞東京、4月10日付朝刊の企画コラム「政治の現場」で安倍首相が自民党内の会合後、党役員に「聖火（オリンピックの火）はもう日本のものだ。ギリシャには返さないよ」と告げたというのだ。

東京オリンピック・パラリンピックがこれまで以上に〝政治の具〟として扱われるこのさきを、記事はさらに興味深く説いていた。

「ギリシャには返さない」は意味深長だ。ＩＯＣや国際スポーツ界周辺から「中止」をにおわすような小さな煙があがりかけているのか。

この記事や内外メディアの情報はそこまでの気配は無かったが、「延期」で収まりきれる保証が約束されているわけでもない。

「火」が手の内にあればこっちのものだと言わんばかりの首相の姿勢は、なにがなんでも両大会を開く意地としか受け取れない。気迫を示す方向を間違ってはいないか。感染の不安、窮屈な日常生活。オリンピック・パラリンピックどころではなくなる時はすでに訪れていた。

全国での一斉休校、国民1人ひとりに洩れなく10万円の給付、それに各戸の郵便受けにマスクが届けられる。尋常ではない。予防対策にかかる費用は想像を絶する巨額になろう。

「オリンピック・パラリンピック」そのものに疑問符が付けられるのは明らかだ。

組織委を越えて首相が「火」を盾に突き走ろうとする「なぜ」は、秋風の吹きはじめた8月、新任した菅義偉首相にもそのまま投げかけられるが、答えはついに聞かれなかった。

見つからない開催の「なぜ」

「延期」となって3ヶ月ほどあと。東京・日比谷通りの皇居の濠に面した高名な会館で珍しくスポーツ関連の会合が対面で開かれた。顔ぶれは企業人が主でスポーツ組織の人はほとんどいない。〝集会〟を避ける傾向が強まっていたなか10人ほどがその会の抱える課題を1時間あまり語り合う。平常なら30人以上の会のための一室。フロントの案内板では、その日の会合はあと1つだけだった。

一段落して散会となる前、貴重な顔合わせが終るのを惜しむかのように1人が「来年のオリンピック、開催の確率が30パーセント、と申しあげたら驚きますか」と誰にともなく問いかけた。彼は首相官邸に近い人だった。全員が座り直し「驚ろかない々々」の声が答えになって高い天井の空気を揺らした。

安心した。「中止こそが常識」と心の中では思っている人が多いのだ。

推測、憶測、邪推が乱れる。日本（東京都、あるいは組織委）が「中止」を望めばＩＯＣに莫大な違約金を払わなければなくなる。〝原資〟は税金、との解説も流れる。「新型コロナウイルス」と並んで「ＩＯＣ」が〝憎い存在〟に映りはじめる。

２０１９年12月、会計検査院は２０１８年度まで6年間で国が東京オリンピック・パラリンピックの関連事業に支出した費用の総額は1兆６００億円に上ったと発表した。東京都や組織委の関連経費を合計すれば3兆円ラインに達するのは確実とメディアは報じる。6年前、東京都による見積もりは７３４０億円だった。

国（政府）、東京都、組織委、ＩＯＣなどの動きに世論は敏感となり「なぜ」を求める声はいっそう大きく激しくなる。

「なぜ」は、東京都が２０１６年大会に立候補を検討しはじめたころから、なかなか見つからなかった。

「２０１６年東京」が初めて聞こえたのは、ＦＩＦＡワールドカップ日韓大会（２００２年）のあとである。

１９８８年を目指した名古屋市が敗れ、２００８年を望んだ大阪市もすでに落ち、日本での開催は「東京」の知名度に頼らざるを得ないのではと口にする人が多くなった。

ＦＩＦＡワールドカップは全国を熱気に包んだが、東京では1試合も組まれなかった。その東京で１９６４年大会とは比較できないほど膨れあがっている夏季オリンピックを招こうとする。ワールドカップで改めてスポーツの力を知った。アスリートの躍動に胸を打たれたなどの美しい言葉で誘致の動きが進行しているとはとても思えない。ぼんやりとしながらも、その青写真が見えはじめる。

注目はオリンピックスタジアム（国立競技場）を東京湾に面した「晴海地区」に新しく建設するという計画だった。この地域の活性化が狙いの1つとされる。近年の夏季オリンピックは都市づくりの構想を抜きにしては考えられない。2008年の大阪オリンピック計画では多くの会議で大阪市北港の人工島「舞洲（まいしま）」の開発をメインとする意見交換が重点となり、オリンピック、スポーツ系の話題に行きつくまで時間がかかった記憶がある。

さて「東京」。JOCは「晴海」を押し立て2006年4月に立候補を決める。福岡市も手をあげ、同年8月JOC委員の投票で東京都に落ちつく。

余談になるが、両都市の計画説明には施設（競技会場）の集中を図るクラスター（Cluster）の表現がしきりに用いられた。

植物では一房（ひとふさ）、都市づくりでは集合、集結の意味合いで常用されるが、スポーツではセンター、コンプレックス、パークなどがなじみ深くこの時もいつの間にか聞かれなくなった。それが2019年、COVID-19によって東京オリンピックの命運を握る一語で再登場した。「代々木中心のヘリテッジゾーンと晴海のベイゾーンとを結ぶクラスター」などの表現が活きていたら…。

2016年の招致は不成功（2009年10月、IOC総会）。石原慎太郎東京都知事（当時）は、次の段階の前に自身の任期を迎えるが、再挑戦に関心が集った。東京商工会議所の幹部の1人は石原知事から16年が実らなければ20年を目指す、と早くから聞いていたと言う。

東日本大震災の1ケ月後の2011年4月、東京都知事選で石原氏は続投（4選）となり同7月、2020年大会への立候補が正式に決まる。「震災からの復興」。新たなスローガンへの〝期待度〟は高かったが、JOCを先頭とするスポーツ界の姿が小さくなりはじめるのもこの頃からだ。2016年招致の時点でも、それはけして大きいとは言えなかったが、要所にJOC、スポーツ界の〝存在〟がのぞけた。

計画で大きく変ったのは、オリンピック・スタジアムの晴海地区新設案を引っこめ、代々木霞が丘（新宿区）の国立競技場を建てなおすとしたことだ。

晴海は大観衆が往来するには鉄道ルートが整っていず、万一、有事が生じた際、避難にも問題があると指摘され、表面的にはこの変更はスムースに映った。

だが、水面下では国立競技場の新設を軸に「代々木再開発」を手掛けようとする動きが多くの流れを支配しようとうごめいていた。加勢するスポーツ界、体育界の有力者の姿も目につくようになる。当然のように、「リケン」がらみ、とささやかれもする。リネンが定まらぬ前に、まず、それであった。スポーツ界の影が急速に薄らぐのは容易に想像できた。情けないことにスポーツ界には国際競技力の強化以外にアピールする策がないのだ。

東京都は13年1月「スポーツ都市東京」の実現を招致の柱の一つに建てている。

防災やエネルギー（電力）など都市としての競争力を高める〝事業〟としてスポーツ振興も欠かせないとした。

下地は２００８年７月、都生活文化スポーツ局と都スポーツ振興審議会が作成した「都スポーツ振興基本計画」だ。子どもの体位向上のほか成人が週１回以上スポーツを実施する割合を全体で60％以上にとの高い目標を掲げ、「スポーツ快適都市」「エコスポーツ都市」「ユニバーサルデザイン都市」「スポーツ賑わい都市」「スポーツチャレンジ都市」「スポーツふれあい都市」などのタイトルが躍った。

少子・高齢化時代、「住む人の健康」への貢献は現代のオリンピックに欠かせぬ視点である。

16年は散ったが、20年は…、と思わせる〝勢い〟を感じさせた。

許されるオリンピックの中央突破

「東京オリンピック」を再び、とする〝願い〟は「１９６４年」を知る人の間で特に強かった。

２０２０年の組織委は、国内スポンサーが順調に集まるスタートを切れた。広告代理店から出向していたマーケティング部内の１人は「64年の思い出を胸にした人が企業経営陣の最前線に立っている」と〝好況〟の背景を説いた。

当時はビキラ・アベベ（エチオピア。マラソンの金メダリスト）に魅せられ、東洋の魔女（女子バレーボール日本チーム）の金メダルに沸いたが、時が経てば東海道新幹線、高速道路こそが「東京オリンピック」であった。

私は、地方の勤務先からオリンピックの打合せで上京するたびに首都インフラの変わりように驚かされつづけた。オリンピックとはここまで影響力を振るえるのか。高速道路が日本橋の上を覆ったのには仰天させられた。「江戸」を伝える景観さえも壊す、と言って過ぎるなら変えてしまう。この場に遠くない場所で1880年代からの日本料理店を継ぐ先輩にこだわりはなかったのか、と聞いた。「オリンピックだからねえ」。

日本人のオリンピック観の底に流れるのは、神聖で絶対的なスポーツ儀式の想いだ。文明開化によって欧米のスポーツ文化が最高学府を中心に教育の場に伝導され、貫かれたのはアマチュアリズムである。名誉や利益に走らず学問との両立をうたって打ちこむ。オリンピック教とでもいうべきスポーツ観が醸成された。

「オリンピックだからねえ」のあとの言葉を先輩はつぐんだ。「新しい時代に残る名誉だし」とつづくのか「仕方がないんだ」と寂しさを含ませるのか。オリンピックの名の下に強行される数々の「中央突破」。総てがオリンピック至上主義が生み出す影につながる。メディアもその感覚からいつまでも抜け出そうとしない。例えば女子ソフトボール。彼女たちは世界選手権でも再三、最高レベルの成績を残しているが露出は小さい、少ない。

似たり寄ったりの扱いを受ける多くのスポーツ界はオリンピックに寄りかかざるを得なくなる。ほかに道を見つけにくいと言ってもよい。

だが、情報化の現代で、オリンピックが神聖ぶる仮面をかぶりつづけるわけにはいかない。正体が共感を呼ばなければ歓迎されないのだ。

今回はコンパクトが唯一のインパクトだったが、そのプランは結果的に立候補用のメッセージで終わる。

オリンピック・スタジアムの設計を国際コンペにしたのはよかったが、2012年最優秀賞で採択された国際的建築家ザハ・ハディッド氏（イラク）の作品はあまりにも巨大。構造の一部の工事に難しい注文があるなど現実味を欠き2015年7月に建設費の膨大もあって白紙、シンボルの殿堂は着工前に崩れる。全面振り出しに戻された時、元首相の森喜朗組織委会長（当時）は「神宮外苑に宇宙から何か降りてきた感じで、マッチするのかなと思っていた」と、パッとしない感想を述べた。放言でも失言でもなかったが、同会長はフィギュアスケートの浅田真央選手の競技を「あの子、大事な時に必ず転ぶんです」（2014年2月、福岡市）と語り、浅田ファンの反撃を浴び、フィギュアスケート競技の微妙さがどこまで分かっているのかと怒りを買った。このあと言わずもがなの発言がなければよいが、と気になったが的中してしまい、会長交代に追い込まれた（2021年2月12日）。後任をめぐり不手際が生じる失態もあり、東京オリンピックは前代未聞のトラブルつづきでますます批判を募らせる。

追いつめられたような新体制。「アスリートファースト」以外「開催のなぜ」を見つけ出す力強さはない。

トラブルも、マイナスイメージも、ネガティブな報道も「大会が始まればいっさい忘れられ盛り上がる」と組織委内部者の発言が伝えられ、かつてのオリンピック選手たちからブーイングが飛ぶ。

1964年以降、数多くのスーパーイベントが日本に上陸し、一方で戦術、技術の高度化はエンタテイメントとしての質を飛躍的に高めた。世界選手権のホスト役を担ったスポーツ組織の数は世界のトップクラスだろう。日本の愛好者は〝遊び心〟をスポーツへ持ち込む感性を身につけた。〝神聖感〟で彩った「オリンピック」を振りかざし「中央突破」を試みても通用しない。2019年秋のワールドカップラグビーはルールをまったく知らない人を巻きこんで盛況を極めた。「にわかファン」という言葉が明るくあふれ「私、その1人です」と歓ぶ群れはラグビーが来た町をお祭り騒ぎに仕立てあげた。

「東京オリンピック」はその延長上にあったハズだがCOVID-19で台無しとなったのは不運だった。そればかりか、ハッピーなトピックに乏しく、組織委はプロらしからぬマネジメントのミスをつづけ、「おもてなし」も短命なキャッチフレーズで過ぎた。国内のトップゾーンから競技力をめぐる話題は封印されたかのようにスポーツ界はますます沈黙する。

「延期」でコンディショニングが完全に狂ったアスリートの心情を周囲が懸命に支えたが、それを「オリンピックの力」「スポーツの力」だのとして飾り立てようとする行動は見すかされていた。

「人類が直面している難題を克服して、その証として東京オリンピック・パラリンピックを開く」。政府が打ち上げた新たなスローガンは空（うつ）ろであった。

「無観客」なら中止の議論は？

「無観客」。スポーツの極めて重大な光景が失われていくのは、やるせなかった。

オリンピックは多くの人々が集い、競技者の挑戦を讃えあってのイベントである。

博覧会の添えものとして息をついでいた時代を越え、テレビ界が払い込むマネーを元に巨大化した今日も、この精神だけは変わらず受け継がれている。

それが、人々の熱気を遠ざけ、静まりかえったなかで競技者だけが向き合って成り立つものだろうか。

「観客を迎えられなければ中止」の決断は、議論されなかったのだろうか。伝わってくるのは再び三たび、いや、毎度のことながら「努力を重ねるアスリートのために」である。

東京オリンピックに限っても、「無観客」は前述のようにギリシャでの採火式で始っていた。

厳そかな天からのお告げが、すでにこの時、届いていたかもしれない。「火よ。人々の祝福に囲まれて燃えつづけられぬ運命が宿っている…」。

最初の衝撃の公表は今年3月20日だった。オリンピック、パラリンピックともに海外在住の一般観客の「受け入れ断念」を国（政府）、東京都、組織委、ＩＯＣ、国際パラリンピック委員会（ＩＰＣ）の代表者協議（「5者協議」）で最終合意された。

ＦＩＦＡワールドカップも、ラグビーワールドカップも海外からのファン、観光客の姿が熱狂の一役をつとめていた。

京都や奈良を訪れる目的の人も、ユニホーム姿の人と交われば一瞬のうちにスポーツの輪のなかに溶けこむ。日本の人たちもすぐに加わる。オリンピック・パラリンピックはコンクリートの城だけを遺さぬ希望が持てた。その期待が散らされたのだ。

5者はことあるごとに「完全な形での開催」を唱え、特に日本政府は強く々々それを表明してきた。

出歩くな、密を避けよとのアンバランス。観客を迎えるのは絶望に近かったが決断は延ばしに延ばされた。

「アスリートのパフォーマンスを高めるため最後まで努力をつくす」。皮肉ではなくその姿勢は間違ってはいない。それが運営者でもある。

森氏のあとを継いだ橋本聖子組織委会長は、次の焦点となる国内の観客について4月末「無観客も覚悟」とした。

COVID-19は鎮静どころか、緊迫度が増す一方で、一部（メディアの多くは政府、与党内などと指した）に「予定どおりの観客入場」「５０００人～1万人を上限」とする意向がちらついていた。

そのなかで橋本発言は〝暗示〟であったにせよ勇気のあ

るものと思えた。

「覚悟」のとおりに事態は進む。夏・冬のオリンピック7回出場の経験を誇るオリンピアン、観客の歓声に五体をしびらせる感動を味わいつくした会長には呪われたような日々であったろう。現実は容赦なかった。

春ごろから張られていた予防線がいっそう太くなる。「オリンピックはテレビで」「家族とともに新しい応援のスタイルを」「祝祭気分は抑えて」。

入場券を抽せんで射止めた国民は一握りだ。もともとテレビ観戦以外に手はない。

菅首相は「オリンピックは世界40億人がテレビで視る」と熱をこめた。算出方法に違いはあるものの、ＦＩＦＡワールドカップは３５０億人を豪語する。首相は「パラリンピック」は１９６４年の東京が発祥とも声を張りあげた。八方ふさがりのなかで苦しまぎれの開催論だ。「中止」論がにわかに頭を持ち上げる。遅い。「延期」を決めた昨年に、この主張が大きく張り出さなかったのか。

1年間で全世界がCOVID-19を克服し、人類の勝利を高らかに、その成果が望めるかもしれぬという希望はあったにせよ、誰もが明言不可能なこの局面は「引く道」を選ぶべきであった。理念なきオリンピックは、根拠なきオリン

「無観客」は誰が喜んだのか。　写真提供：フォート・キシモト

ピックになってしまった。

7月8日夜、5者協議は国内在住者も含めての「無観客」（一部地域を除く）を決めた。開幕までわずか13日。「無観客」は市内でオリンピックに触れて楽しむのを規制することにイコールだ。オリンピックの意義は放棄されたも同然である。

「開かれればよい」「開ければいい」。さまざまな思惑がかけめぐる。

メディアは、その思惑をマネーの額に〝換算〟したがる。

「開きたい」人たちに小さな灯となったのは、各スポーツが積極的に採用した「バブル方式」だ、との見方がある。

競技者・コーチ・メディカルスタッフ・運営関係者を総てバブル（泡）のなかに閉じこめ、完全に外部との接触を断ち切る。

全米オープンテニス（20年8月）の徹底さが評判を呼び「バブル」はスポーツイベントの〝必須条件〟になる。

内科の医師で日本スポーツ界にも関わりのある1人が話してくれた。「組織委は『バブル』に活路を見つけたと言わんばかりだ。だが、成果をあげているのは単一の競技とその大会。桁ちがいのスケールを持つ総合競技会のオリンピックで、その方式を今から構築するのは容易ではない。医師を含めて要員の確保がまず見通せない。どこかに隙間が空く」。彼は2年前、熱射病対応の医師として依頼され引き受けていた。

今年1月エジプトで行われたハンドボールの世界男子選手権に日本チームも出場したが空港に着陸とともに「バブル」に吸い込まれ、日々検査が繰り返され、宿舎の自室から出るのさえ「監視の目があった」と振り返る。

選手の1人は、6月、早めに来日した東京オリンピック外国チームの空港の状況をテレビ・ニュースで見て、出迎えの日本人関係者とロビーで挨拶をかわし、会話するシーンに驚き「バブル」ははじけていると思ったと言う。

エジプトでは滑走路から仕切られたルートが設けられ、誰とも接せぬまま用意されたバスに乗りこまされ、練習と試合（無観客）以外は限られた空間に閉じこめられる生活が始った。ちなみにIOCはこの大会の運営を絶賛している。

「無観客」は悲観どおり〝場外〟にも及ぶことになる。

東京ベイゾーンと名付けられた晴海・お台場地区に造られた「オリンピックの火」の点火台が囲いで覆われ、見物に訪れようとする人の足を止めようとしたのだ。ついに、ここまで来てしまった。

オリンピックで感染が広がったとなれば「オリンピックエリア」外であっても断じて許されぬ。

開催前日、危うい現象が起きる。東京都庁で全国の公道をよけながら運んだ「オリンピックの火」の〝到着式〟の時間に合わせブルーインパルス（航空自衛隊曲技飛行チーム）が夏空に5色のカラースモークでオリンピックマークを描くのを知った人たちが、見物場所を求めて大勢集ったのである。

このパフォーマンスは、1964年の最も印象に残る思い出として刻まれた歴史がある。「空を見上げて人のほとんどがマスクを着けていたようで組織委は安心しただろう」。都庁近くの居酒屋の主人はニヤリとした。「東京オリンピック」は風刺の舞台になっていた。

揺れるアスリートの心境

国内のアスリートの心境に〝変化〟を感じたのは昨年の秋ぐちだった。

メディアの取材を受けて「このままオリンピック、オリンピックで過してよいものでしょうか」との発言が多くなったのだ。「準備だけはしておこうと思いますが」と迷いものぞく。

彼・彼女らは明らかにとまどいのなかにあった。「延期」がもたらした思わぬ重圧である。

周囲は以前と変わらず輝きを求め、励ましてくるが、ピークに向かっての算段は狂い、強化の仕上げに据えた大会や試合はほとんどがキャンセルとなる。

このような事態に代表の座が近いアスリートはどう向き合うのか、JOCや各スポーツ団体・組織に対応の姿勢は見えなかった。

日本ではアスリート自身が1つのテーマに議論することが少ない。そのような行動があれば「アスリートファースト」は関係者の手段として利用されるフレーズに留らず、多くの人たちの理解や共鳴を得られただろう。

「アスリートファースト」はアスリートへの配慮よりも運営サイドの都合のよさ、時にはビジネストークとして重宝がられる。

IOCや組織委の行動は、しばしば国内でオリンピックやスポーツへの反感を生じさせた。

政府がからんで〝危険〟の増すケースさえあった。その視線がアスリートへ向けられた時、日本のスポーツ界は持ちこたえられただろうか。

「アスリートファースト」は、アスリートが成熟して初めて活きる。その自覚を促す機会でもあった。

競技を終えたアスリートのインタビューでほぼ全員が「このような状況のもとでオリンピックを開き、支えてくれた人たちに感謝します」とまず話した。〝未経験の日々〟をどう過したのか、率直な語りは、聞き手が仕向けなかったにせよ私の知るかぎり無かった。

日本ではアスリートによるオリンピック談義は競技の振り返りが主で、重圧を払いのけた秘話めいた披露は少ない。日ごろのオリンピックを語れる教育も乏しい。

「延期」にともないOB・OG・現役によってオリンピックを考える試みがあれば、理念なき、根拠なき大会はその〝空白〟を埋めることができただろう。それは「アスリートファースト」に応えるアスリートの大きな姿であったハズだ。

「アスリートファースト」を真にアスリートのためにと主張する芽がつまれたのか、改めて認識されたのか、答えは見つけ出せていないが、ひとときの儚さで終えたように思えてならない。個々のアスリートというより日本スポーツ界が考えるべきテーマである。

この1年、JOCからの発信が少なかった。オリンピックは〝オリンピック委員会のもの〟だ。開くのに3兆円もかかってしまっては夢のなかをさまようような無力の論理と片づけられるが、その気骨を示し信頼を得る機会はいく度もあった。

大会も終盤となった8月6日、IOCと組織委は突然、翌日の女子マラソンのスタート時間を午前7時の予定から同6時に繰り上げた。

各国陸上陣、メディアに知らされたのは夕刻だ。7時と思って就寝していたレーサーも少なくなかったと言われる。

「あすの気象予報が早朝でも高温と報道されアスリートの健康を最善に考え変更した」。IOCの説明である。「アスリートファースト」を掲げる姿勢は計算づくめだ。メディア関係者は笑う。「テレビ界よりアスリートを大切にしていると、毅然とした姿勢を示すアピールが重要だったのでは」と。その前日もIOCと組織委は女子サッカー決勝の会場と開始時間を変更していた。猛暑の午前11時キックオフを避けるようチーム側の要求を受け入れたものだが、会場をオリンピック・スタジアムから横浜国際競技場に変えたのは前代未聞だ。

振り返れば、ロードレース自体を東京から札幌へと移してしまったのはＩＯＣである。東京都にとっては、最大の行事をはぎとられたに等しかった。

沿道に予定された商店街は早くから「おもてなし」にチエをしぼっていた。コースの道路に打ち水したり、レーサーに水をかけて〝歓迎〟するのはルール違反に問われないだろうか、など心意気に満ちて話ははずんだ。ギスギスした話の多い東京オリンピックで文字通り清涼の薫りをかげたものだ。

オリンピックを取り巻くマネーの狂騒

ＩＯＣに「中止」の発想がまったく浮かばずに過ぎたのかは分からないままである。

一方でなぜ開くのか、は明確だった。マネーである。スイスに本部を置く国際スポーツ組織で事務局員として働くある日本人は「ＩＯＣからのオリンピックの収入によって分配される助成金がなければ小さな組織は運営が成り立たなくなる」と言い切る。そのためにもＩＯＣは稼がなければならない。「クリーンベニュウ」（広告板なき競技会場）の〝誇り〟もほころんできた。さりげなく、それでいてテレビカメラを意識した場所に最上級スポンサー名が巧みに記される。マネーの金しばりがオリンピックの讃歌と挽歌の曲譜を隣り合わせる。

少なくとも、今回、日本人の多くが抱いたオリンピック・ＩＯＣの印象は、後者の憂いである。

〝日本側〟の「なぜ」はパラリンピックのさなか9月3日の菅首相の「退陣表明」でその姿が露わとなった。

多くのメディアが「退陣」の背景の一つをオリンピック開催によって内閣支持率回復を目論んだが浮揚どころか低調の流れに逆らえなかったと指摘したのである。

COVID-19の対策として打ち出される国内各地の緊急事態宣言やまん延防止等重点措置が延期を重ね、オリンピック、パラリンピックどころではない状況となりながら突っ走ったのは、政治戦略以外の何ものでもなかった。

繰り返しになるが、その強行のため、オリンピックへのイメージを落とし、アスリートへの印象を揺らした。

ＪＯＣやスポーツ界は頂点強化に明け暮れ、オリンピック至上、メダルの数以外に目が向かない。誤解を恐れず書けば、オリンピックを「開いてくれれば（開かれれば）いい」のである。

政治の具といわれ、マネーにまみれたと批判されても

開催の「なぜ」、最後まで分からず

「オリンピック」は打ち出の小槌であった。

スポーツ界の外側で生じる数々の「中央突破」も讃歌に聞こえる。

JOCは、COVID-19に見舞われるなかでのオリンピックを、開催国オリンピック委員会として語る姿勢に乏しかったのではないか。

オリンピックの裏側とはこのようなものであったのか。幻滅だけが残ったとしたら「東京」の姿はあまりにも哀れだ。

ひところ唱えられたレガシー（Legacy、遺産）探しは不幸にも成果を手にできなかった。

私は2016年に向かっていた時から「国際力」を推していた。

今回、組織委はスタッフの編成に外国語力を重視していた。いい着眼である。

東京オリンピックをきっかけに、小・中学校からの外国語教育に力が入れられるようになれば素晴しい。

ボランティアも外国語を得意とする人材が重用されたようだ。一方で各競技会場では外国語優先の配置で、スポーツにも、スポーツイベントにも経験のないボランティアが多く、観客を迎え、熱射病対策などに追われれば、かなり混乱を招いたのではないか、と〝反省〟の声も聞かれる。

スポーツ界の「国際力」不足はつねに指摘されてきた。東京オリンピックをきっかけとして大規模な国際イベントに携わる国際要員を自分たちの周辺で整えられているようになれば「レガシー」と叫んでいい。各スポーツ組織（競技団体）に必ず1人、国際スポーツ界で活動する人を擁するような目標をJOCやスポーツ庁が支援して実らせたい。経費が驚くほどかさみ、一方で利権が飛びかうオリンピックよりも、競技単位の世界選手権がこれからは〝重視〟されそうだ。日本のスポーツ界（メディアも含めて）はその〝教訓〟を得たともいえる。

「コンパクト」「復興」「人類の勝利」「多様性と調和」…。その時々に打ち出された〝理念〟は、土台の貧弱さを露呈してぐらつき、消えた。その波間で「アスリートファースト」は都合のよいフレーズにすぎなかった。

アスリートの躍動を身近にすれば（テレビやインターネットの画面を通したものであっても）祭りの囃子は自然に高まる、との計算はあまりにも軽薄だった。

「オリンピック」そのものの今日の姿がしぼり出され、この巨大イベントを愛してやまない日本人が、見つめ考え直す機会となったのが収穫、とするなら、情けない—。

執筆者プロフィール

岡崎 満義

1960年株式会社文藝春秋入社。雑誌「文藝春秋」「週刊文春」「オール読物」編集部を経て、1979年新雑誌編集長（部長）となり、スポーツ総合誌「Sports Graphic Number」初代編集長として活躍。「文藝春秋」編集長などを経て1999年退社。著書に『長島茂雄はユニフォームを着たターザンである』（大和書房）、『文藝春秋にみるスポーツ昭和史』全3巻（文藝春秋）、『想い出の作家たち』全2巻（文藝春秋）、『人と出会う』（岩波書店）。現在フリージャーナリスト。99年よりミズノスポーツライター賞選考委員長を務める。

上柿 和生

1969年、順天堂大学から（財）日本レクリエーション協会出版課に入局。月刊「レクリエーション」誌の編集に携わる。その後、フリーランスのスポーツライター、イベントプロデューサーなどを経て、89年（株）スポーツデザイン研究所設立。スポーツ評論家川本信正氏を塾長に、本邦初のスポーツマスコミ講座を30期（20年間）に亘り開講、スポーツメディア界で活躍する人材育成に携わる。現在、現在、webマガジン「スポーツアドバンテージ」編集長。近著に『オリンピックをささえるスポーツテクノロジー』全3巻（汐文社）。

滝口 隆司

毎日新聞論説委員。1990年に毎日新聞社に入社し、運動部記者として4度の五輪取材のほか、幅広くスポーツを担当。編集委員、水戸支局長、大阪本社運動部長を経て2019年から論説委員。14年に長期連載した「五輪の哲人　大島鎌吉物語」でミズノスポーツライター賞優秀賞。著書に『情報爆発時代のスポーツメディア　報道の歴史から解く未来像』『スポーツ報道論　新聞記者が問うメディアの視点』（ともに創文企画）。立教大学で講師も務めている。

中山 知子

1967年、福岡県生まれ。青山学院大卒。1991年、日刊スポーツ新聞社入社。編集局整理部を経て92年、文化社会部に配属。日本新党による非自民連立政権が誕生したころから、本格的に永田町の取材を始める。小泉純一郎首相の訪朝取材に2度同行。複数の政党や政治家を1人で回り、「ひとり政治部」としてインターネット番組にも出演。文化社会部デスクを経て、現在は「日刊スポーツNEWS」デジタル編集部デスク。

青木 美希

北海タイムス、北海道新聞を経て朝日新聞社に入社。「警察裏金問題」、原発事故検証企画「プロメテウスの罠」、「手抜き除染」報道で新聞協会賞を各取材班で3度受賞した。原発事故被害を描いた「地図から消される街」（講談社現代新書）は貧困ジャーナリズム大賞、日本医学ジャーナリスト協会賞特別賞、平和・協同ジャーナリスト基金賞奨励賞を受賞。8刷に。新刊『いないことにされる私たち』（朝日新聞出版）を4月に出版。ツイッターのフォロワー数は朝日で最多の5万1千人。

海老塚 修

1974年慶應義塾大学卒業。電通でW杯、世界陸上、五輪などを担当。その後2010年より慶應義塾大学健康マネジメント研究科教授。現在は、桜美林大学講師（スポーツマーケティング）、日本BS放送番組審議委員、余暇ツーリズム学会副会長などを務める。著書に『マーケティング視点のスポーツ戦略』、『スポーツマーケティングの世紀』、『バリュースポーツ』。

執筆者プロフィール

脇田 泰子

椙山女学園大学文化情報学部メディア情報学科教授。東京大学教養学部教養学科卒。日本放送協会（取材職）等を経て、2010 年 4 月から椙山女学園大学准教授。2017 年 4 月から現職。専門はジャーナリズム論・メディア論。放送文化基金賞 放送文化・地域推薦委員、名古屋市芸術賞 有識者懇談会委員。著書に『スポーツメディアの見方、考え方』（創文企画・共著）、『メディアと人間―メディア情報学へのいざない』（共著）。

山田 ゆかり

スポーツライター、（一社）飛騨シューレ代表理事、津田塾大学非常勤講師、津田塾大学国際関係研究所客員研究員。94 ～ 97 年インディアナ州立ボール大学・ジョージア州立大学訪問研究員を経て、こどもとスポーツ、女性とスポーツを主な視点として活動を行っている。著書『女性アスリート・コーチングブック』（大月書店）、『子どもとスポーツのイイ関係』（大月書店）、訳書『スポーツヒーローと性犯罪』（大修館書店）、監訳『女性・スポーツ大事典』（西村書店）、共訳『オリンピックという名の虚構』（晃洋書房）など。

大島 裕史

1961 年東京生まれ。85 年明治大学政経学部卒。出版社勤務、ソウルの延世大学韓国語学堂への留学の後、取材、執筆活動を続ける。97 年に『日韓キックオフ伝説』（実業之日本社／集英社文庫）で、ミズノスポーツライター賞を受賞。その他に『韓国野球の源流～玄界灘のフィールド・オブ・ドリームス』（新幹社）、『コリアンスポーツ〈克日〉戦争』（新潮社）、『魂の相克～在日スポーツ英雄列伝』（講談社）などの著書がある。

満薗 文博

スポーツジャーナリスト。鹿児島大学卒業。中日新聞東京本社（東京中日スポーツ）では、88 年ソウル、92 年アルベールビル、同年バルセロナ」、96 年アトランタの各五輪を現地取材したほか、内外の各種大会を取材。報道部長、編集委員を経てスポーツジャーナリスト。大学講師。【主な著書】『オリンピック・トリビア』新潮社、『オリンピックおもしろ雑学』心交社、『オリンピック雑学 150 連発』文藝春秋社、『小出義雄夢に駈ける』小学館、『羽生結弦あくなき挑戦の軌跡』、『男子陸上 400 ㍍リレー』以上、汐文社など。

杉山 茂

1959 年 NHK にディレクターとして入局、スポーツ番組の制作、放送権ビジネスを手がける。1988 年～ 1992 年 6 月までスポーツ報道センター長。オリンピック取材 12 回。1998 年 NHK 退局。2002 年 FIFA ワールドカップ日本組織委員会放送業務局長。現在は番組制作会社（株）エキスプレス・スポーツ、エグゼクティブプロデューサーのかたわらスポーツ評論の著述を行う。2005 年～ 9 年慶應義塾大学大学院健康マネジメント研究科客員教授。著書に『テレビスポーツ 50 年』（共著、角川インタラクティブメディア）、『スポーツは誰のためのものか』（慶應義塾大学出版会）、『物語　日本のハンドボール』（グローバル教育出版）など。

編集協力　㈱スポーツデザイン研究所
http://www.sportsnetwork.co.jp
写真提供　フォート・キシモト

スポーツアドバンテージ・ブックレット8
東京2020――オリンピックの挽歌

2021年10月15日　第1刷発行

編　者　岡崎満義・杉山　茂・上柿和生
発行者　鴨門裕明
発行所　㈲創文企画
〒101－0061
東京都千代田区三崎町3－10－16　田島ビル2F
電話　03－6261－2855　FAX　03－6261－2856
http://www.soubun-kikaku.co.jp
印　刷　壮光舎印刷㈱
装　丁　松坂　健（two-three）

ISBN 978-4-86413-151-3